韓国語能力試験

TOPIK Ⅰ

必修単語 2000

林 世涓
イム セヨン 임 세연

三修社

音声ダウンロード・ストリーミング

1. PC・スマートフォンで本書の音声ページにアクセスします。
   https://www.sanshusha.co.jp/np/onsei/isbn/9784384061215/
2. シリアルコード「06121」を入力。
3. 音声ダウンロード・ストリーミングをご利用いただけます。

はじめに

私たちが普段の日常生活で使用している単語の数はどのぐらいでしょうか。年齢や職業、趣味、生活環境などによって多少は異なるでしょう。

一般的には、生存に必要な最低限(Survival Level)の単語数は300個～600個程度と言われています。このレベルでは食べ物の味など考える余裕もなくなんとか空腹を解消することができる状態です。このままでは寂しいですね。食事をおいしく楽しむにはもう少しだけ単語を増やせばいいのです。対話可能(Conversational Level)な単語数を使えるようになれば会話も楽しみながら食事ができます。その単語数は1000個～3000個程度です。また、日本語に限ったことではなくどの言語にも当てはまることですが、私たちが日常生活で使っている単語はいわゆる基礎的な単語がほとんどですので、プロの料理人が使っている専門用語まで覚える必要ありません。

私は日本に留学に来て以来、日韓両言語の比較研究や日本語教育についての研究をしており、日本人のみなさんに韓国語を教えるようになってから17年になります。私自身の日本語習得の経験や日本語教育の経験に照らして、日本人のみなさんが韓国語を学習する際、どこで躓くのか、そこを抜け出すためにはどんな方法が効果的なのかについて少しお話したいと思います。韓国語の学習を始めてみなさんが気付くことがあります。そうです、文法がほとんど日本語と同じなんですね。もちろん言語学的には相違点もたくさんあります。しかし、英語と比較して韓国語は日本語ネイティブのみなさんにとって学びやすい言葉です。このことから、特に、初級の基本的な文法を習得した学習者にとって、効果的に韓国語のレベルアップするためには、詳細な文法の学習よりも単語数を増やすことが重要です。

本書はTOPIK公式の「公開語彙リスト(初級)」をもとに、不要だと思われるものを削除し、必要だと思われる語を加えて約2000語を掲載しています。2000という単語数は対話が可能となるために必要な単語数にほぼ匹敵します。みなさんも本書に記載の単語をしっかり覚えて、ただ空腹を満たすだけの食事から抜け出し、食事をおいしく楽しめる韓国語ライフを実現しましょう。

本書の使い方

本書では、TOPIK公式の「公開語彙リスト(初級)」をもとに、不要だと思われるものを削除し、必要だと思われる語を加えておよそ2000の単語について、韓国語の例文を作成し、その日本語訳を記載しています。単語についてはTOPIK Ⅰ(1、2級)で出題されるレベルですが、例文には一部TOPIK Ⅱ(3級)レベルの文法も採用しています。本書の単語と例文を習得することにより、TOPIK Ⅰ(2級)、ハングル能力検定では4級程度の韓国語力を身につけることができます。

単語には、自分では使いこなせないが読んだり聞いたりはできる単語(理解語彙)と、自由自在に書いたり話したりできて使いこなせる単語(使用語彙)の2種類があります。本書に記載されている見出し語については、単に知っているというレベルではなく、自由自在に使いこなせるレベルになるまで体に覚え込ませてください。そのようにして習得した後には、会話能力が飛躍的に伸びていることに驚くでしょう。

見出し語は「**가나다라**(カナダラ順)」に並べてありますが、必ずしも最初から順番通りに学習する必要はありません。好きなところから始めても結構です。どんな順番でも構いませんが、掲載している見出し語と例文はすべて繰り返し学習し、習得してください。見出し語の1つ1つの単語について、例文や例文に出てくる単語も含めて丁寧にしっかりと覚えてください。例文に注釈がある文法についてもきちんと理解してください。1日に覚える単語の数を増やすことよりも、1つの項目をより深く理解することが大切です。

単語や例文を覚える方法はみなさんそれぞれのやり方があると思います。単語や例文を音読しながら覚えるというのも1つの方法です。また、例文に出てきたわからない単語や文法事項をノートなどに整理し、調べてみるのもよい方法です。

□ □ □	**가게**	店	**우리 동네에는 싼 가게가 많이 있어요.** 私たちの町内には安い店がたくさんあります。 韓国語の特徴として、「私の / 我が」を「우리」で表すことが多い。「우리 집 我が家」、「우리나라 我が国」、「우리 선생님 私の先生」、「우리 아내 私の妻」、「우리 언니 私の姉」など。

例えば、上記の例では、見出し語の「**가게**」だけではなく、「**동네**」、「**싸다**」などわからない単語があればノートに整理して自分だけの単語集(ノート)を作ってみてください。単語だけでなく、文法項目もノートに整理すると覚えやすいでしょう。「**싼 가게** 安い店」という「形容連体形」については、既に知っている他の形容詞と名詞を使って、いろいろな形容連体形を作る練習をしてみてください。「**큰 사람** 大きい人」、「**작은 사람** 小さい人」というようにです。

付属の音声は「韓国語と日本語訳」と「韓国語のみ」の2種類があります。まずは本書を見ながら「韓国語と日本語訳」の音声を繰り返し聞いて、韓国語のリズムをしっかり覚えましょう。慣れてきたら文字を見ずに音声のみを聞いて、学習してみましょう。

巻末には学習した単語を確実に覚えているかどうかを確認するための練習を掲載しています。見出し語の日本語を参考に空欄に韓国語を入れてください。見出し語の単語が名詞の場合はそのままで問題ありませんが、動詞や形容詞の場合には以下のように活用させる必要がありますので、本文に収録している文法事項もしっかり確認してください。例えば、以下では「**가깝다**」は「**가까워요**」にする必要があります。ここでは「韓国語のみ」の音声を聞いて、日本語に置き換える練習をすると、より効果的です。

□ □ □	**가깝다**	近い	집에서 학교까지 가까워요. 家から学校まで近いです。 ㅂ不規則。「가까워요 近いです」、「가까워서 近くて / 近いので」、「가까우니까 近いから」、「가까우면 近かったら」。

⬇

□ 近い	집에서 학교까지 (　　)요.

⬇

□ 近い	집에서 학교까지 (가까워)요.

もくじ

TOPIK Ⅰ 必修単語2000

・가나다라(カナダラ)順に単語を並べてあります。

・**音声は韓国語→日本語**の順で収録されています。聞き流し練習としても活用できます。

001

	ㄱ		
□□□	가게	店	우리 동네에는 싼 가게가 많이 있어요. 私たちの町内には安い店がたくさんあります。 韓国語の特徴として、「私の / 我が」を「우리」で表すことが多い。「우리 집 我が家」、「우리나라 我が国」、「우리 선생님 私の先生」、「우리 아내 私の妻」、「우리 언니 私の姉」など。
□□□	가격	価格	이 옷은 가격이 비싸요. この服は値段が高いです。
□□□	가구	家具	주말에 예쁜 가구를 샀어요. 週末にかわいい家具を買いました。
□□□	가깝다	近い	집에서 학교까지 가까워요. 家から学校まで近いです。 ㅂ不規則。「가까워요 近いです」、「가까워서 近くて / 近いので」、「가까우니까 近いから」、「가까우면 近かったら」。
□□□	가끔	たまに / ときどき	한국 드라마를 가끔 봐요. 韓国ドラマをときどき観ます。
□□□	가늘다	細い	손가락이 가늘어요. 指が細いです。
□□□	가다	行く	주말에 언니와 같이 서울에 가요. 週末にお姉さんと一緒にソウルに行きます。 「-아/어요」体は文脈によっては、現在形、現在進行形、未来形、命令形、勧誘形などの意味で使われている。ここでは、文の前に「주말 週末」となっているので、「가요 行きます」は未来形の意味で使われている。

□□□	가득	いっぱい / なみなみ	컵에 물을 가득 부었어요. コップに水をいっぱい注ぎました。
□□□	가르치다	教える	선생님은 한국어를 가르쳐요. 先生は韓国語を教えています。
□□□	가리키다	示す	손가락으로 가리켜 주세요. 指で示してください。
□□□	가방	鞄	가방이 예뻐요. 鞄がかわいいです。
□□□	가볍다	軽い	책이 가벼워요. 本が軽いです。
□□□	가수	歌手	가수 중에서 누구를 가장 좋아해요? 歌手の中で誰がいちばん好きですか?
□□□	가슴	胸	사랑하는 사람 앞에서는 가슴이 뛰어요. 愛する人の前では胸がドキドキします。
□□□	가요	歌謡 / 歌	일본가요를 좋아해요. 日本の歌が好きです。
□□□	가운데	真ん中	나는 수업시간에는 가운데 자리에 앉아요. 私は授業のときには真ん中の席に座ります。
□□□	가위	はさみ	가위로 종이를 잘랐어요. はさみで紙を切りました。
□□□	가을	秋	가을에는 감이 맛있어요. 秋は柿がおいしいです。

002

□□□	가장	もっとも / 何より / いちばん	저는 한국어를 가장 잘 해요. 私は韓国語がいちばん得意です。
□□□	가져가다	持っていく	이 김치를 집에 가져가세요. このキムチを家に持って帰ってください。 「家に帰る」は韓国語では「집에 가다」が自然である。もちろん、「帰る」に対する「돌아가다」も使える。
□□□	가져오다	持ってくる	학교에 도시락을 가져왔어요. 学校にお弁当を持ってきました。
□□□	가족	家族	가족이 몇 명 있어요? 家族が何人いますか?
□□□	가지	種 / 種類	반찬을 다섯 가지 만들었어요. おかずを5種類作りました。
□□□	가지다	持つ	돈을 많이 가지고 싶어요. お金をたくさん持ちたいです。
□□□	각각	おのおの / それぞれ	식당에서 돈을 각각 냈어요. 食堂でお金をそれぞれ払いました。
□□□	간단하다	簡単だ / たやすい	설명이 간단해요. 説明が簡単です。
□□□	간단히	簡単に	식사를 간단히 했어요. 食事を簡単に済ませました。
□□□	간식	おやつ	세 시에 간식을 먹어요. 3時におやつを食べます。
□□□	간장	醤油	미역국에 간장을 넣어요. ワカメスープに醤油を入れます。

□□□	간호사	看護師	저는 간호사가 되고 싶어요. 私は看護師になりたいです。
□□□	갈비	カルビ	한국에서 갈비를 먹었어요. 韓国でカルビを食べました。
□□□	갈비탕	カルビタン	갈비탕이 뭐예요? カルビタンとは何ですか?
□□□	갈색	茶色	저는 갈색 옷이 많이 있어요. 私は茶色い服をたくさん持っています。
□□□	갈아입다	着替える	집에서 옷을 갈아입었어요. 家で服を着替えました。
□□□	갈아타다	乗り換える	학교에서 집까지 지하철을 두 번 갈아타요. 学校から家まで地下鉄を2回乗り換えます。
□□□	감	柿	감이 맛있는 계절이에요. 柿がおいしい季節です。
□□□	감기	風邪	감기에 걸렸어요. 風邪をひきました。
□□□	감기약	風邪薬	감기약을 먹어야 해요. 風邪薬を飲まないといけません。
□□□	감다	閉じる / つぶる	눈을 감고 음악을 들어요. 目を閉じて音楽を聴きます。
□□□	감다	洗う	매일 머리를 감아요. 毎日頭を洗います。
□□□	감사	感謝	감사합니다. ありがとうございます。

003

□□□	감자	ジャガイモ	채소 중에서 감자를 가장 좋아해요. 野菜の中でジャガイモがいちばん好きです。
□□□	갑자기	急に	그 사람은 갑자기 말을 했어요. その人は急に話をしました。
□□□	값	価値 / 値打ち / 値段	비행기 값이 비싸서 외국여행을 포기했어요. 飛行機の値段が高くて外国旅行をあきらめました。
□□□	강	川	강에서 보트를 탔어요. 川でボートに乗りました。
□□□	강아지	子犬	강아지를 키우세요? 子犬を飼っていますか?
□□□	강하다	強い	엄마는 강해요. お母さんは強いです。
□□□	갖다	持つ	옷을 많이 갖고 있어요. 服をたくさん持っています。
□□□	같다	同じ	내 옷은 친구하고 같아요. 私の服は友達と同じです。
□□□	같이	一緒に	친구하고 같이 살고 있어요. 友達と一緒に住んでいます。
□□□	갚다	返す	동생에게 돈을 갚았어요. 弟(妹)にお金を返しました。
□□□	개	犬	저는 매일 개하고 산책을 해요. 私は毎日犬と散歩します。

□□□	개	個	아이스크림을 한 개 먹었어요. アイスクリームを1つ食べました。
□□□	개월	～か月	한국어를 삼 개월 정도 공부했어요. 韓国語を3か月くらい勉強しました。
□□□	거	もの / こと	우리 맛있는 거 먹을까? 私たち、おいしいものを食べようか?
□□□	거기	そこ / そちら	거기에 가고 싶어요. そこに行きたいです。
□□□	거리	町 / 市街 / 通り	거리에 사람이 많이 있어요. 通りに人がたくさんいます。
□□□	거리	距離	집에서 슈퍼까지 거리가 가까워요. 家からスーパーまで距離が近いです。
□□□	거실	居間	거실에서 텔레비전을 봤어요. リビングでテレビを見ました。
□□□	거울	鏡	하루에 거울을 몇 번 보세요? 1日に鏡を何回見ますか?
□□□	거의	ほとんど / ほぼ	숙제를 거의 다 했어요. 宿題をほとんど終えました。
□□□	거절하다	拒絶する / 断る	친구와의 약속을 거절하지 못했어요. 友達との約束を断れませんでした。
□□□	거짓말	嘘	그 사람은 거짓말을 하지 않아요. その人は嘘をつきません。
□□□	걱정	心配	시험이 걱정돼요. 試験が心配です。

004

□□□	건강	健康	건강이 가장 중요해요. 健康がいちばん重要です。
□□□	건너가다	渡っていく	강을 건너가면 그 집이 있을 거예요. 川を渡っていけばその家があるはずです。
□□□	건너다	移る / 渡る	강을 건너서 왔어요. 川を渡って来ました。
□□□	건너편	向こう側	친구는 건너편 가게에 갔어요. 友達は向かいの店に行きました。
□□□	건물	建物	회사는 어느 건물에 있어요? 会社はどの建物にありますか?
□□□	걷다	歩く	하루에 만보를 걷고 있어요. 1日に1万歩を歩いています。 韓国語では、「1万」の「1」は付けず、「만 万」のみで用いる。「2万」からは日本語と同様、「이 만, 삼 만, 사 만…」となる。
□□□	걸다	掛ける	벽에 그림을 걸어 주세요. 壁に絵を掛けてください。
□□□	걸리다	掛かる	벽에 그림이 걸려 있어요. 壁に絵が掛かっています。
□□□	걸어가다	歩いていく	학교까지 걸어가요? 学校まで歩いていきますか?
□□□	걸어오다	歩いてくる	집까지 걸어왔어요? 家まで歩いてきましたか?
□□□	걸음	歩み / 足	저는 걸음이 느려요. 私は足が遅いです。

□□□	검사	検査	내일 숙제 검사가 있어요. 明日宿題検査があります。
□□□	검은색	黒色	아버지는 검은색 정장을 입고 회사에 가세요. お父さんは黒色のスーツを着て会社に行きます。
□□□	검정색	黒色	저는 검정색 옷이 많아요. 私は黒色の服が多いです。
□□□	것	もの / こと	제 취미는 노래를 부르는 것이에요. 私の趣味は歌を歌うことです。
□□□	겉	表	이 옷은 겉과 안이 같아요. この服は表と裏が同じです。
□□□	게으르다	怠ける	게으른 사람을 싫어해요. 怠け者が嫌いです。
□□□	게임	ゲーム	‘게임’은 ‘께임’으로 발음해야 해요. 「게임」は「께임」と発音しなければなりません。
□□□	겨울	冬	겨울에는 따뜻한 온돌방이 그리워요. 冬は暖かいオンドル部屋が恋しいです。
□□□	결과	結果	그 결과가 나왔어요. その結果が出ました。
□□□	결석	欠席	친구가 결석했어요. 友達が欠席しました。
□□□	결심	決心	연초에 무슨 결심을 했어요? 年明けにどんな決心をしましたか?

005

□□□	결정	決定	결정이 났어요. 決まりました。 「결정이 나다」は「決まる」という意味の慣用句。
□□□	결혼	結婚	서른 살에 결혼할 거예요. 30歳で結婚するつもりです。 「-ㄹ(을) 거예요」は、「〜する予定です / 〜するつもりです」の意味。
□□□	결혼식	結婚式	어제 친구 결혼식에 갔어요. 昨日友達の結婚式に行きました。
□□□	경기	競技 / 試合	축구 경기를 좋아하세요? サッカーの試合が好きですか?
□□□	경찰관	警察官	저는 경찰관이 되고 싶어요. 私は警察官になりたいです。
□□□	경찰서	警察署	경찰서에 신고하세요. 警察に申告してください。
□□□	경치	景色	교토는 경치가 아름다워요. 京都は景色が美しいです。
□□□	경험	経験	경험을 많이 쌓고 싶어요. 経験をたくさん積みたいです。 「경험을 쌓다」は「経験を積む」の意味。
□□□	계단	階段	건강을 위해서 엘리베이터를 타지 않고 계단으로 가요. 健康のためにエレベーターに乗らずに階段で行きます。 「-을/를 위해서」は「〜のために」の意味。
□□□	계란	鶏卵	계란을 하루에 두 개 먹어요. 卵を1日に2個食べます。

□□□	계산	計算	그 사람은 계산이 정확해요. その人は計算が正確です。
□□□	계속	継続	한국어 공부를 계속할 거예요. 韓国語の勉強を継続するつもりです。
□□□	계시다	いらっしゃる	부모님께서는 지금 어디에 계세요? ご両親は今どこにいらっしゃいますか? 「께서」は「が」に対応する「이/가」の尊敬語。また、「께서는」は「은/는」の尊敬語。
□□□	계절	季節	무슨 계절을 좋아하세요? どんな季節がお好きですか?
□□□	계획	計画	연휴 때 계획 있어요? 連休のとき、計画はありますか?
□□□	고개	首筋 / 首	책을 오래 읽어서 고개가 아파요. 本を長く読んで首が痛いです。
□□□	고기	肉	무슨 고기를 좋아해요? 何の肉が好きですか?
□□□	고등학교	高校	저는 작년에 고등학교를 졸업했어요. 私は昨年高校を卒業しました。
□□□	고등학생	高校生	저는 이제 고등학생이 아니에요. 私はもう高校生ではありません。
□□□	고르다	選ぶ	친구의 생일 선물을 골랐어요. 友達の誕生日プレゼントを選びました。 ㄹ不規則。「골라요 選びます」、「골라서 選んで」、「골랐어요 選びました」、「고르면 選ぶと」、「고르지만 選んでも」になる。
□□□	고맙다	ありがたい	도와 주셔서 고맙습니다. 手伝ってくれてありがとうございます。 / 助かりました。

006

□□□	고모	父の姉妹（伯母／叔母）	저에게는 고모가 세 명 있어요. 私にはおばが3人います。
□□□	고민	悩み	무슨 고민 있어요? 何か悩みはありますか？
□□□	고속버스	高速バス	고속버스를 타고 부산에 갔어요. 高速バスに乗って釜山に行きました。
□□□	고양이	猫	고양이가 두 마리 있어요. 猫が2匹います。
□□□	고장	故障	핸드폰이 고장이 났어요. 携帯電話が故障しました。 「고장이 나다」は「故障する」という意味の慣用句。
□□□	고추장	コチュジャン／唐辛子味噌	고추장은 매워요. コチュジャンは辛いです。
□□□	고치다	直す	컴퓨터를 고쳐 주세요. パソコンを直してください。
□□□	고프다	空腹だ／お腹が空く	배(가) 고파(서) 죽겠어요. お腹が空いて死にそうです。
□□□	고향	故郷／ふるさと	고향이 어디예요? 故郷はどこですか？
□□□	곧	すぐ／直ちに	곧 갈게요. すぐ行きます。
□□□	곳	所／場所	좋은 곳을 알고 있어요? いいところを知っていますか？

□□□	공	ボール	축구공 있어요? サッカーボールありますか?
□□□	공무원	公務員	공무원하고 결혼하고 싶어요. 公務員と結婚したいです。
□□□	공부	勉強	한국어 공부는 재미있어요. 韓国語の勉強は楽しいです。
□□□	공원	公園	우리 우에노 공원에서 만날까요? 私たち上野公園で会いましょうか?
□□□	공장	工場	그 자동차는 중국에 있는 공장에서 만들었어요. その自動車は中国にある工場で作りました。
□□□	공짜	無料 / ただで 得たもの	세상에 공짜는 없어요. 世の中に無料はありません(ただより高いものはない) 。
□□□	공책	ノート	숙제는 공책에 써 오세요. 宿題はノートに書いてきてください。
□□□	공항	空港	선배는 하네다공항에서 일하고 있어요. 先輩は羽田空港で働いています。
□□□	공휴일	休日	오월에는 공휴일이 많아요. 5月には休日が多いです。
□□□	과거	過去	저는 이미 과거를 잊었어요. 私はすでに過去を忘れました。
□□□	과일	果物	어떤 과일을 제일 좋아하세요? どんな果物がいちばん好きですか?

007

□□□	과자	菓子	감사의 마음으로 과자를 선물했어요. 感謝の気持ちでお菓子をプレゼントしました。
□□□	관계	関係	그 친구와 저는 친한 관계를 오래 유지하고 있어요. その友達と私は親しい関係を長く維持しています。
□□□	관광	観光	주말에 아사쿠사를 관광했어요. 週末に浅草を観光しました。
□□□	관광객	観光客	엔저 현상으로 외국인 관광객이 일본에 많이 왔어요. 円安で外国人観光客が日本にたくさん来ました。
□□□	관광지	観光地	국내 관광지 팸플릿을 가져 왔어요. 国内観光地のパンフレットを持って来ました。
□□□	관심	関心 / 興味	요즘 무엇에 관심이 있어요? 最近何に興味がありますか?
□□□	광고	広告	아이들은 텔레비전 광고를 좋아해요. 子供たちはテレビコマーシャルが好きです。
□□□	광주	光州	광주는 전라남도에 있어요. 光州は全羅南道にあります。
□□□	괜찮다	大丈夫だ / 構わない / 悪くない	조금 늦어도 괜찮아요. 少し遅れても大丈夫です。
□□□	괴로워하다	苦しむ / 悩む	엄마는 허리 통증으로 괴로워하셨어요. お母さんは腰痛で苦しんでいました。

□□□	교과서	教科書	교과서가 무거워요. 教科書が重いです。
□□□	교사	教師	제 꿈은 교사예요. 私の夢は教師です。
□□□	교수	教授	교수님하고 상담했어요. 教授と相談しました。
□□□	교실	教室	친구하고 교실에서 공부를 했어요. 友達と教室で勉強をしました。
□□□	교육	教育	학교에서 한국어 교육을 받고 있어요. 学校で韓国語教育を受けています。
□□□	교통	交通	도쿄는 교통이 편리해요. 東京は交通が便利です。
□□□	교통비	交通費	하지만 도쿄는 교통비가 비싸요. しかし、東京は交通費が高いです。
□□□	교통사고	交通事故	오늘 아침에 교통사고가 났어요. 今朝交通事故が起きました。
□□□	교환하다	交換する	옷을 교환해 주세요. 服を交換してください。
□□□	교회	教会	매주 일요일에 교회에 가요. 毎週日曜日に教会に行きます。
□□□	구	9	그 식당은 구 층에 있어요. その食堂は9階にあります。
□□□	구경	見物	서울에 가서 명동을 구경했어요. ソウルに行って明洞を見物しました。

008

□□□	구두	靴	핑크색 구두를 샀어요. ピンク色の靴を買いました。
□□□	구름	雲	구름이 예뻐요. 雲がきれいです。
□□□	구십	90	요즘은 구십 살 이상 사는 사람이 많이 있어요. 最近は90歳以上生きる人がたくさんいます。
□□□	구월	9月	언니 생일은 구월이에요. お姉さんの誕生日は9月です。
□□□	국	スープ / 汁	한국사람들은 생일날에 미역국을 먹어요. 韓国人は誕生日にワカメスープを食べます。
□□□	국내	国内	그 가수는 국내 투어만 해요. その歌手は国内ツアーだけします。
□□□	국수	麺類 / 素麺	국수 요리 좋아하세요? 麺料理お好きですか?
□□□	국적	国籍	국적이 어디예요? 国籍はどこですか? 韓国語では「-이/가」で使われていても、日本語では「-은/는」に対応する「〜は」と訳す方が自然の場合がある。
□□□	국제	国際	국제 관계가 복잡해요. 国際関係が複雑です。
□□□	군인	軍人	제 남자친구는 군인이에요. 私の彼氏は軍人です。

□□□	굳다	固まる / 固くなる	빵을 산 지 오래되어서 굳어 버렸어요. パンを買ってから時間が経ったので固くなってしまいました。 「-(으)ㄴ 지 오래되다」は、「～してから時間が経った」の意味。「간 지 오래되다 行ってから時間が経った」、「먹은 지 오래되다 食べてから時間が経った」。
□□□	굵다	太い	아빠의 손가락이 굵어요. お父さんの指は太いです。
□□□	굽다	焼く	고기를 구웠어요. 肉を焼きました。 ㅂ不規則。「구워요 焼きます」、「구워서 焼いて / 焼いたので」、「구우니까 焼いたから」、「구우면 焼いたら」。
□□□	궁금하다	気がかりだ / 気になる	그 친구의 소식이 궁금해요. その友達の消息が気になります。
□□□	권	冊 / 巻	가방 안에 책이 다섯 권 있어요. かばんの中に本が5冊あります。
□□□	귀	耳	아버지와 아들은 귀가 닮았어요. お父さんと息子は耳が似ています。
□□□	귀걸이	イヤリング	귀걸이를 샀어요. イヤリングを買いました。
□□□	귀여워하다	かわいがる	친구는 고양이를 귀여워해요. 友達は猫をかわいがっています。
□□□	귀엽다	かわいい	아기의 얼굴이 귀여워요. 赤ちゃんの顔がかわいいです。 ㅂ不規則。「귀여워요 かわいいです」、「귀여워서 かわいいから」、「귀여우니까 かわいいから」、「귀여우면 かわいかったら」。

009

□□□	귀찮다	面倒だ / 厄介だ	청소가 귀찮아요. 掃除が面倒です。
□□□	규칙	規則	학교에 규칙이 많이 있어요. 学校に規則がたくさんあります。
□□□	귤	みかん	귤은 오렌지색이에요. みかんはオレンジ色です。
□□□	그	その	그 사람은 우리 선생님이에요. その人は私たちの先生です。
□□□	그것	それ	그것은 제 것이에요. それは私のです。
□□□	그곳	そこ / そちら	그곳에 가고 싶어요. そこに行きたいです。
□□□	그날	その日	그날은 뭐 할 거예요? その日は何をするんですか?
□□□	그냥	そのまま / ただ	그냥 두세요. / 그냥 물어 봤어요. そのままにしておいてください。 / ただ聞いてみただけです。
□□□	그대로	そのまま	그대로 두세요. そのままにしておいてください。
□□□	그동안	その間	그동안 잘 지내셨어요? その間お元気でいらっしゃいましたか?
□□□	그때	そのとき	그때 저는 식사를 하고 있었어요. そのとき私は食事をしていました。

□□□	그래	うん / そうよ / そうだよ	너는 일본사람이니? – 그래, 난 일본사람이야. あなたは日本人なの？ – そう、私は日本人だよ。
□□□	그래서	それで	피곤해요. 그래서 일찍 잤어요. 疲れました。それで早く寝ました。
□□□	그러나	しかし	자고 싶어요. 그러나 시끄러워서 잘 수 없어요. 寝たいです。しかしうるさくて眠れません。
□□□	그러니까	だから / ですから	내일 시험이 있어요. 그러니까 공부해야 해요. 明日試験があります。 だから勉強しなければなりません。
□□□	그러면	そうすれば / そうすると	식사를 잘 해야 해요. 안 그러면 공부에 집중을 못 할 거예요. 食事をちゃんとしなければなりません。そうしないと勉強に集中できません。
□□□	그러므로	それゆえ / したがって / だから	내일 시험이 있습니다. 그러므로 일찍 잘 수 없습니다. 明日試験があります。 だから早く寝られません。
□□□	그런	そのような	그 사람은 아주 친철해요. 그런 사람은 처음이에요. その人はとても親切です。 そのような人は初めてです。
□□□	그런데	ところで / さて / しかし	지금은 장마철이에요. 그런데 비가 안 와요. 今は梅雨の時期です。しかし雨が降っていません。
□□□	그럼	では / じゃ	그럼 본론으로 들어가겠습니다. それでは本論に入ります。

010

□□□	그럼	もちろん	그럼, 당연하지. もちろん、当然だよ。
□□□	그렇다	そうだ / その通りだ	임선생님이에요? – 네, 그렇습니다. イム先生ですか? – はい、そうです。
□□□	그렇지만	そうだけれども / そうだけど	비가 와요. 그렇지만 학교에 가야 해요. 雨が降っています。そうだけど学校に行かなければなりません。
□□□	그릇	器 / 茶碗	밥 그릇이 작아요. ご飯の茶碗が小さいです。
□□□	그리고	また / それから	공부를 했어요. 그리고 청소를 했어요. 勉強をしました。 そして掃除をしました。
□□□	그리다	描く	산을 그렸어요. 山を描きました。
□□□	그림	絵	스페인에서 피카소 그림을 봤어요. スペインでピカソの絵を見ました。
□□□	그립다	恋しい	어떤 때 가족이 그리워요? どんなときに家族が恋しいですか?
□□□	그만	それくらいに(する) / それぐらいで(やめる)	제발 이제 그만 하세요. どうかもうやめてください。
□□□	그만두다	やめる / 中止する	학교를 그만두고 싶지 않아요. 学校を辞めたくありません。
□□□	그분	その方	그분은 한국사람입니다. その方は韓国人です。

□□□	그저께	おととい	그저께 밤에 뭐 하셨어요? おとといの夜は何をしましたか?
□□□	그쪽	そちら	그쪽으로 쭉 가세요. そちらにまっすぐ行ってください。
□□□	그치다	止む / 終わる	비가 그치면 출발합시다. 雨が止んだら出発しましょう。
□□□	극장	映画館 / 劇場	그 영화는 극장에서 상영해요. その映画は劇場で上映します。
□□□	근처	近所	집 근처에 그 극장이 있어요. 家の近所にその劇場があります。
□□□	글	文 / 文章	글을 많이 읽고 문장을 써야 해요. 文をたくさん読んで文章を書かなければなりません。
□□□	글쎄	さあ / まあ	글쎄, 잘 몰라요. さあ、よくわかりません。
□□□	글쎄요	さあ / まあ / そうですね	글쎄요. 잘 몰라요. そうですね。よくわかりません。
□□□	글씨	文字 / 字	글씨를 예쁘게 쓸 수 있어요. 字をきれいに書くことができます。
□□□	글자	文字 / 字	이 글자를 읽어 보세요. この文字を読んでみてください。 「읽어 보세요」は「읽다 読む」+「아/어 보다 ～てみる」+「(으)세요 ～してください」がついた形。
□□□	금방	今すぐ	그 사람은 금방 집에 갔어요. その人は今すぐ家に帰りました。

011

□□□	금요일	金曜日	금요일에 만나요. 金曜日に会いましょう。
□□□	금지	禁止	이곳은 열 시부터 통행금지예요. ここは10時から通行禁止です。
□□□	급하다	急いでいる / 急だ	급한 전화를 받았어요. 急ぎの電話に出ました。
□□□	기간	期間	숙제 제출기간이 지났어요. 宿題の提出期間が過ぎました。
□□□	기다리다	待つ	버스를 기다리고 있어요. バスを待っています。
□□□	기르다	育てる / 養う / 飼う	고양이를 기르세요? 猫を飼っていますか?
□□□	기름	油	잡채에 참기름을 넣어야 맛있어요. チャプチェにごま油を入れるとおいしいです。
□□□	기말시험	期末試験	기말시험은 언제부터 언제까지예요? 期末試験はいつからいつまでですか?
□□□	기분	気分 / 機嫌 / 気持ち	오늘은 기분이 아주 좋아요. 今日はとても気分がいいです。
□□□	기뻐하다	喜ぶ / 嬉しがる	취직을 해서 부모님께서 기뻐하셨어요. 就職して両親が喜びました。
□□□	기쁘다	嬉しい	선물을 받아서 기뻐요. プレゼントをもらって嬉しいです。 ㅡ不規則。「기쁩니다 嬉しいです」、「기뻐서 嬉しくて」、「기쁘니까 嬉しいから」、「기쁘면 嬉しければ」。

□□□	기쁨	喜び / 嬉しさ	친구의 기쁨이 곧 저의 기쁨이에요. 友達の喜びがまさに私の喜びです。
□□□	기숙사	宿舎 / 寮	저는 대학교 때 기숙사에서 살았어요. 私は大学のとき、寮に住んでいました。
□□□	기억하다	記憶	제 이름 기억하세요? 私の名前を覚えてますか?
□□□	기억나다	思い出す	그 사람의 이름이 기억났어요. その人の名前を思い出しました。
□□□	기온	気温	여름에는 기온이 높아요. 夏は気温が高いです。
□□□	기자	記者	형은 경제신문 기자예요. 兄は経済新聞記者です。
□□□	기차	電車 / 列車 / 汽車	기차를 타고 여행하는 것을 좋아해요. 電車に乗って旅行するのが好きです。
□□□	기차역	列車の駅	그 친구는 기차역 근처에 살고 있어요. その友達は列車の駅の近くに住んでいます。
□□□	기차표	列車の切符 / 乗車券	요즘은 스마트폰으로 기차표를 예약할 수 있어요. 最近はスマートフォンで電車の切符を予約できます。
□□□	기침	咳	감기에 걸려서 기침이 많이 나요. 風邪をひいて咳がたくさん出ます。
□□□	기타	その他	기타 다른 질문이 있으면 하세요. その他の質問があればお願いします。

012

□□□	기회	機会	기회가 오면 잡으세요. 機会が来たら捕まえてください。
□□□	긴장	緊張	긴장을 풀고 발표해 주세요. リラックスして発表してください。 「긴장을 풀다」は「緊張をほぐす / 気を緩める」という意味の慣用句。
□□□	길	道 / 道路 / 通路 / 路地	길이 막혀서 조금 늦을 거예요. 道が混んでいて少し遅れるでしょう。 「길이 막히다」は「道が混む」という意味の慣用句。
□□□	길다	長い	선생님의 머리가 길어요. 先生の髪が長いです。
□□□	길이	長さ	커튼의 길이를 재어 보세요. カーテンの長さを測ってみてください。
□□□	김	海苔	한국 김하고 일본 김은 맛이 달라요. 韓国海苔と日本海苔は味が違います。
□□□	김밥	海苔巻き / キムパップ	엄마가 소풍 때 김밥을 만들어 주셨어요. お母さんが遠足のときキムパップを作ってくれました。
□□□	김치	キムチ	한국에는 김치 냉장고가 있어요. 韓国にはキムチ冷蔵庫があります。
□□□	김치찌개	キムチチゲ	김치찌개에 두부를 넣어요. キムチチゲに豆腐を入れます。
□□□	깊다	深い	깊은 강에는 들어가지 마세요. 深い川には入らないでください。
□□□	깊이	深さ	바다의 깊이를 알 수 없어요. 海の深さがわかりません。

□□□	까만색	黒色	까만색 구두를 신고 까만색 가방을 든 여자가 왔어요. 黒い靴を履いて黒いかばんを持った女性が来ました。
□□□	깎다	削る / 刈る / 削減する	연필을 깎아서 글씨를 써요. 鉛筆を削って字を書きます。
□□□	깜짝	びっくりする様子	친구가 갑자기 찾아와서 깜짝 놀랐어요. 友達が急に訪ねてきてびっくりしました。
□□□	깨끗이	きれいに	저는 핸드폰을 깨끗이 사용하고 있어요. 私は携帯電話をきれいに使っています。
□□□	깨끗하다	清らかだ / 清潔だ / きれいだ	내 방은 언제나 깨끗해요. 私の部屋はいつもきれいです。
□□□	깨다	覚める / 起きる	아침에 일찍 깨서 공부를 했어요. 朝早く起きて勉強をしました。
□□□	꺼내다	取り出す	가방에서 책을 꺼내서 읽었어요. かばんから本を取り出して読みました。
□□□	껌	ガム	고기를 먹은 후 껌을 씹어요. 肉を食べたあとガムを噛みます。
□□□	꼭	必ず	꼭 연락해 주세요. 必ず連絡してください。
□□□	꽃	花	꽃 중에서 장미꽃을 제일 좋아해요. 花の中でバラがいちばん好きです。
□□□	꽃다발	花束	졸업식에서 꽃다발을 받았어요. 卒業式で花束をもらいました。

013

□□□	꽃병	花瓶	생일 선물로 꽃병을 사 줬어요. 誕生日プレゼントに花瓶を買ってくれました。
□□□	꽃집	花屋	제 친구는 꽃집에서 일을 하고 있어요. 私の友達は花屋で仕事をしています。
□□□	꾸다	(夢を)見る	남자친구를 만나는 꿈을 꾸었어요. 彼氏に会う夢を見ました。
□□□	꿈	夢	좋은 꿈 꾸세요. よい夢をみてください(おやすみなさい)。
□□□	끄다	消す	불을 끄고 자야 해요. 電気を消して寝ないといけません。
□□□	끊다	止める / 断つ / 切る	형은 담배를 끊었어요. 兄はタバコをやめました。
□□□	끓다	湧く / 沸騰する	물이 끓으면 라면을 넣으세요. お湯が沸いたらラーメンを入れてください。
□□□	끓이다	沸かす / 沸騰させる	보리차를 끓여서 먹어요. 麦茶を沸かして飲みます。
□□□	끝	端 / 先 / 先端	제일 끝에 그 사람이 앉아 있어요. いちばん端にその人が座っています。
□□□	끝나다	終わる	오늘 수업은 다섯 시에 끝났습니다. 今日の授業は5時に終わりました。
□□□	끝내다	終える	일을 빨리 끝내고 공항에 가야 해요. 仕事を早く終えて空港に行かなければなりません。

□□□	끼다	はめる / 加わる / 挟まる	선생님은 반지를 끼고 있어요. 先生は指輪をはめています。

014

ㄴ

□□□	나	私	나는 우유를 좋아해요. 私は牛乳が好きです。
□□□	나가다	出る	세 시에 집에서 나갔어요. 3時に家を出ました。
□□□	나누다	分ける	친구와 아이스크림을 두 개로 나누었어요. 友達とアイスクリームを2つに分けました。
□□□	나다	出る / 生える	아빠는 수염이 났어요. お父さんはひげが生えています。
□□□	나라	国	한국사람들은 자신들의 나라를 말할 때 '우리나라' 라고 해요. 韓国人は自分たちの国をいうとき「我が国」といいます。
□□□	나머지	残り	오늘은 너무 피곤하니까 나머지 숙제는 내일 할 거예요. 今日はとても疲れているので残りの宿題は明日します。
□□□	나무	木	엄마하고 나무를 심었어요. お母さんと木を植えました。
□□□	나쁘다	悪い	성격이 나쁜 사람하고 이야기를 하는 것은 힘들어요. 性格が悪い人と話すのは大変です。
□□□	나오다	出る	몇 시에 밖에 나왔어요? 何時に外に出ましたか?
□□□	나이	年齢	선생님은 나이가 많아요. 先生は年を取っています。

□□□	나중	あと	나중에 식사하러 가요. あとで食事に行きましょう。
□□□	나타나다	現れる / 表れる	그 집에서 도깨비가 나타났어요. その家で鬼が現れました。
□□□	나흘	4日 / 4日間	시험공부는 나흘 걸렸어요. 試験勉強は4日かかりました。
□□□	낚시	釣り	다음 주에 아빠하고 낚시를 갈 거예요. 来週お父さんと釣りに行くつもりです。
□□□	날	～日	가족을 만나는 날에 노란색 옷을 입을 거예요. 家族に会う日に黄色い服を着るつもりです。
□□□	날다	飛ぶ	새가 날고 있어요. 鳥が飛んでいます。
□□□	날씨	天気	날씨가 좋아요. 天気がいいです。
□□□	날씬하다	すらりとしている / スリムだ	그 여자는 날씬해요. その女性はスリムです。
□□□	날아다니다	飛び回る	나비가 날아다녀요. 蝶が飛び回ります。
□□□	날짜	日付	여행 날짜를 정합시다. 旅行の日程を決めましょう。
□□□	남	他人	그 부부는 헤어져서 지금은 남이 되었어요. その夫婦は別れて今は他人になりました。

015

□□□	남기다	残す	음식을 남기지 마세요. 食べ物を残さないでください。
□□□	남녀	男女	저는 남녀평등을 주장합니다. 私は男女平等を主張します。
□□□	남다	余る	시간이 남아서 산책했어요. 時間が余ったので散歩しました。
□□□	남대문	南大門 （ナンデムン）	남대문 시장에 가 보세요. 南大門市場に行ってみてください。
□□□	남동생	弟	저에게는 남동생이 있어요. 私には弟がいます。
□□□	남산	南山 （ナムサン）	남자친구하고 남산에서 데이트했어요. 彼氏と南山でデートしました。
□□□	남자	男子	우리 학교에는 남자가 더 많습니다. 私の学校では男子の方が多いです。
□□□	남쪽	南側	그 식당은 그 역의 남쪽 출구에서 가까워요. その食堂はその駅の南側の出口から近いです。
□□□	남편	夫	저에게는 남편이 있습니다. 私には夫がいます。
□□□	남학생	男子学生	남학생한테서 초콜릿을 받았어요. 男子学生からチョコレートをもらいました。
□□□	낫다	治る	약을 먹고 감기가 나았어요. 薬を飲んで風邪が治りました。 ㅅ不規則。「나아요 治ります」、「나아서 治った」、「나으니까 治るから」、「나으편 治ったら」。

□□□	낫다	優れている / 良い	이 옷보다 저 옷이 더 낫습니다. この服よりあの服のほうがいいです。
□□□	낮	昼	낮에는 많이 더워요. 昼間はとても暑いです。
□□□	낮다	低い	저 빌딩은 낮아요. あのビルは低いです。
□□□	낮잠	昼寝	일요일에는 낮잠을 잘 수 있습니다. 日曜日には昼寝ができます。
□□□	내	私 / 俺 / 僕 / 我 / 自分	우리 반에서 내 키가 제일 큽니다. 私のクラスで私は背がいちばん高いです。
□□□	내과	内科	배가 아파서 내과에 갔습니다. おなかが痛くて内科に行きました。
□□□	내년	来年	내년에는 반드시 취직하고 싶어요. 来年には必ず就職したいです。
□□□	내다	出す / 提出する	내일까지 숙제를 내세요. 明日までに宿題を提出してください。
□□□	내려가다	下がる / 下りていく	저는 계단으로 내려갑니다. 私は階段を下がります。
□□□	내려오다	下りてくる / 下る	이쪽으로 내려오세요. こちらに下りてください。
□□□	내리다	下りる / 下る / 降る	오늘은 비가 많이 내려요. 今日は雨がたくさん降っています。
□□□	내용	内容	수업 내용이 어려워서 머리가 아파요. 授業内容が難しくて頭が痛いです。

016

□□□	내일	明日	내일 시험이 있어요. 明日試験があります。
□□□	냄비	鍋	일본에는 겨울에 냄비요리를 먹는 집이 많아요. 日本では冬に鍋料理を食べる家が多いです。
□□□	냄새	匂い	친구한테서 좋은 냄새가 나요. 友達からいい匂いがします。
□□□	냉면	冷麺	한국 냉면하고 일본 냉면은 맛이 달라요. 韓国冷麺と日本冷麺は味が違います。
□□□	냉장고	冷蔵庫	냉장고에 뭐가 들어있어요? 冷蔵庫に何が入っていますか?
□□□	너	お前 / 君	나는 너를 좋아해. 俺はお前が好きだ。
□□□	너무	度を越して / あまり	물가가 너무 많이 올랐어요. 物価が上がりすぎました。
□□□	너희	君たち / お前たち	너희는 뭐가 먹고 싶어? 君たちは何が食べたい?
□□□	넓다	広い	집이 매우 넓어요. 家がとても広いです。
□□□	넘다	超える / あふれる / 過ぎる	벌써 점심시간이 넘었어요. もう昼休みが過ぎました。
□□□	넘어지다	倒れる / 転ぶ	넘어져서 다리를 다쳤어요. 転んで足をけがしました。

□□□	넣다	入れる	책과 노트를 가방에 넣었어요. 本とノートをかばんに入れました。
□□□	네	お前 / 君	네가 먼저 들어가. お前が先に入って。
□□□	네	4 / 4つの	교실에 학생이 네 명 모여 있어요. 教室に生徒が4人集まっています。
□□□	네	はい / ええ	아이가 "네"하고 대답을 했어요. 子供が「はい」と答えました。
□□□	넥타이	ネクタイ	아빠께 넥타이를 사 드렸어요. お父さんにネクタイを買ってあげました。
□□□	넷째	4つ目	넷째 시간에 그 친구를 만날 거예요. 4時間目にその友達に会うつもりです。
□□□	년	年	오늘은 이천이십사년 칠월 십삼일이에요. 今日は2024 年7月13日です。
□□□	노란색	黄色	노란색을 좋아해서 노란색 옷이 많이 있어요. 黄色が好きで黄色い服がたくさんあります。
□□□	노랗다	黄色い	초등학교 때 노란색 모자를 쓰고 학교에 갔어요. 小学校のときに黄色い帽子をかぶって学校に行きました。
□□□	노래	歌	제 취미는 노래 부르기예요. 私の趣味は歌を歌うことです。

017

□□□	노래방	カラオケ	어제 노래방에 가서 노래를 불렀어요. 昨日カラオケに行って歌を歌いました。
□□□	노력	努力	열심히 노력하고 있는 그 친구를 좋아해요. 一生懸命努力しているその友達が好きです。
□□□	노인	老人	우리는 노인을 공경해야 해요. 私たちは老人を敬わなければなりません。
□□□	노트	ノート	노트에 쓰세요. ノートに書いてください。
□□□	녹색	緑色	녹색은 눈 건강에 좋다고 했어요. 緑色は目の健康にいいと言いました。
□□□	녹차	緑茶	저는 커피보다 녹차를 더 좋아해요. 私はコーヒーより緑茶のほうが好きです。
□□□	놀다	遊ぶ	친구와 놀고 싶어요. 友達と遊びたいです。
□□□	놀라다	驚く / びっくりする	갑자기 전화가 와서 깜짝 놀랐어요. 突然電話がかかってきてびっくりしました。
□□□	놀이	遊びごと	친구하고 무슨 놀이를 했어요? 友達と何の遊びをしましたか?
□□□	농구	バスケットボール	어제는 친구들하고 농구를 했어요. 昨日は友達とバスケットボールをしました。
□□□	농담	冗談	농담하지 마세요. 冗談はやめてください。

□□□	높다	高い	후지산은 매우 높아요. 富士山はとても高いです。
□□□	높이	高さ	후지산 높이는 얼마나 돼요? 富士山の高さはどれくらいですか?
□□□	높이	高く	새가 하늘 높이 날아갔어요. 鳥が空高く飛んで行きました。
□□□	놓다	置く	책상 위에 책을 놓았어요. 机の上に本を置きました。
□□□	누구	だれ / どんな人	이 신발은 누구의 것이에요? この靴はだれのものですか?
□□□	누나	姉 (弟からの呼称)	우리 누나는 회사원이에요. 私の姉は会社員です。
□□□	누르다	押す / 押さえる	버튼을 눌러 주세요. ボタンを押してください。 르不規則。「눌러요 押します」、「눌러서 押して」、「누르니까 押すから」、「누르면 押すと」。
□□□	눈	目	그 남자는 눈이 예뻐요. その男は目がきれいです。
□□□	눈	雪	홋카이도에는 눈이 많이 와요. 北海道には雪がたくさん降ります。
□□□	눈물	涙	슬픈 영화를 봐서 눈물이 났어요. 悲しい映画を見て涙が出ました。
□□□	눕다	横たわる / 横になる	피곤해서 눕고 싶어요. 疲れたので横になりたいです。
□□□	뉴스	ニュース	저는 매일 스포츠 뉴스를 봐요. 私は毎日スポーツニュースを見ます。

018

□□□	느끼다	感じる	바람이 불어서 가을을 느껴요. 風が吹いて秋を感じます。
□□□	느낌	感じ / 感想	이 쇼파는 느낌이 좋아요. このソファーは感じがいいです。
□□□	느리다	遅い / ゆるい / のろい	나는 걸음이 느리지 않고 빨라요. 私は歩くのが遅くなく速いです。
□□□	늘	いつも / 常に	선생님은 늘 안경을 끼고 있어요. 先生はいつもメガネをかけています。
□□□	늘다	伸びる	남자친구는 한국어 능력이 늘었어요. 彼氏は韓国語能力が伸びました。
□□□	늙다	年を取る / 老いる	그 배우는 아름답게 늙었어요. その俳優は美しく年を取りました。
□□□	능력	能力	선배는 한국어 능력이 대단해요. 先輩は韓国語能力がすごいです。
□□□	늦다	遅い	약속시간에 십 분정도 늦었어요. 約束の時間に10分ほど遅れました。

019

ㄷ

□□□	다	皆 / すべて	우리 반 학생들은 다 일본사람이에요. 私のクラスの生徒は皆日本人です。
□□□	다녀오다	行ってくる	학교에 다녀오겠습니다. 学校に行ってきます。
□□□	다니다	通う	저는 대학교에 다녀요. 私は大学に通っています。
□□□	다르다	異なる	나는 그 사람과 생각이 달라요. 私はその人と考えが違います。
□□□	다리	足	나는 다리가 짧지만 친구는 다리가 길어요. 私は足が短いけど友達は足が長いです。
□□□	다리	橋	다리를 건너서 친구집에 갔어요. 橋を渡って友達の家に行きました。
□□□	다림질	アイロンがけ	다림질은 어려워요. アイロンがけは難しいです。
□□□	다섯	5つ / 5	친한 친구가 다섯 명 있어요. 親しい友達が5人います。
□□□	다섯째	5番目	저는 형제중에서 다섯째예요. 私は兄弟の中で5番目です。
□□□	다시	もう一度	다시 한 번 말씀해 주시겠어요? もう一度おっしゃっていただけますか?

020

□□□	다양하다	多様だ / いろいろな	저는 다양한 색의 볼펜으로 공부를 해요. 私はいろいろな色のボールペンで勉強をします。
□□□	다음	次	다음에 또 만나요. 今度また会いましょう.
□□□	다음날	次の日 / 翌日	그 남자를 다음날에 또 만났어요. その男性に翌日また会いました。
□□□	다이어트	ダイエット	저는 다이어트에 성공한 적이 없어요. 私はダイエットに成功したことがありません。
□□□	다치다	けがする	다리를 다쳐서 입원했어요. 足をけがして入院しました。
□□□	다하다	尽くす / 尽きる	제 힘을 다해서 친구를 도와 주고 싶어요. 私の力を尽くして友達を助けたいです。
□□□	닦다	磨く	선생님은 매일 아침 구두를 닦아요. 先生は毎朝靴を磨きます。
□□□	단순	単純	그 일은 단순한 일이 아니에요. その仕事は単純な仕事ではありません。
□□□	단어	単語	단어를 많이 외워야 해요. 単語をたくさん覚えなければなりません。
□□□	단추	ボタン	단추가 떨어졌어요. ボタンが取れてしまいました。

□□□	단풍	もみじ / 紅葉	단풍이 아름다운 곳에서 사진을 많이 찍었어요. 紅葉が美しい所で写真をたくさん撮りました。
□□□	닫다	閉める	창문 좀 닫아 주시겠어요? 窓を閉めてもらえますか?
□□□	달	～月	다음 달에 서울에서 남자친구를 만날 거예요. 来月ソウルで彼氏に会います。
□□□	달걀	卵	엄마는 달걀을 하루에 두 개씩 드십니다. お母さんは卵を1日に2つずつ召し上がっています。 「드시다」は「먹다」の敬語。
□□□	달다	甘い	설탕은 달고 소금은 짜요. 砂糖は甘くて塩はしょっぱいです。
□□□	달력	カレンダー	요즘은 스마트폰 달력을 사용하고 있어요. 最近はスマートフォンのカレンダーを使っています。
□□□	달리기	走り	운동회에서 친구들과 달리기를 했어요. 運動会で友達と競走をしました。
□□□	달리다	走る	수업에 늦어서 학교를 향해서 달렸어요. 授業に遅れて学校に向かって走りました。
□□□	닭	鶏	새벽에 닭이 울었어요. 夜明けに鶏が鳴きました。

021

□□□	닭고기	鶏肉	닭고기로 양념치킨을 만들어요. 鶏肉でヤンニョム(味付け)チキンを作ります。
□□□	닮다	似る	저는 아빠를 닮았어요. 私はお父さんに似ています。
□□□	담배	タバコ	형은 담배를 많이 피웁니다. 兄はタバコをたくさん吸います。
□□□	답	答え	문제의 답을 몰라요. 問題の答えがわかりません。
□□□	답답하다	重苦しい / もどかしい / 気がかりだ	가슴이 답답해서 창문을 열었습니다. 胸が苦しくて窓を開けました。
□□□	답장	返事	친구에게 메일을 보냈는데 답장이 아직 안 와요. 友達にメールを送りましたが返事がまだ来ていません。
□□□	대	～台	주차장에 자동차가 다섯 대 있어요. 駐車場に車が5台あります。
□□□	대답	返事	선생님이 질문을 해서 대답을 했어요. 先生が質問をしたので答えました。
□□□	대부분	大部分	대부분의 시간을 학교에서 보내고 있습니다. ほとんどの時間を学校で過ごしています。
□□□	대사관	大使館	도쿄에는 대한민국 대사관이 있어요. 東京には大韓民国大使館があります。

□□□	대학교	大学	대학교에 들어가려고 열심히 공부하고 있어요. 大学に入ろうと一生懸命勉強しています。 日本語では「大学」、韓国語では「대학교 大学校」。
□□□	대학생	大学生	대학생들이 자주 가는 카페에 가서 공부를 했어요. 大学生たちがよく行くカフェに行って勉強をしました。
□□□	대학원	大学院	대학교를 졸업하고 대학원에 들어갈 거예요. 大学を卒業して大学院に入る予定です。
□□□	대화	対話	선생님과 대화를 나누고 싶어요. 先生と話したいです。
□□□	대회	大会	한국어 말하기 대회에서 우승했습니다. 韓国語スピーチ大会で優勝しました。
□□□	댁	宅	선생님 댁은 어디세요? 先生のお宅はどちらですか?
□□□	더	もっと / さらに	그 사람은 저보다 키가 더 커요. その人は私より背がもっと高いです。
□□□	더럽다	汚い	손이 더러워서 씻었어요. 手が汚くて洗いました。
□□□	더욱	もっと / さらに	지금보다 더욱더 열심히 공부하고 싶어요. 今よりもっと一生懸命勉強したいです。
□□□	덕분	おかげ	부모님 덕분에 학교에 다닐 수 있었습니다. 両親のおかげで学校に通うことができました。

022

□□□	던지다	なげる	공을 던져서 패스했어요. ボールを投げてパスしました。
□□□	덥다	暑い	너무 더워서 에어컨을 켰어요. とても暑いのでエアコンをつけました。
□□□	데려가다	連れていく	콘서트에 친구를 데려가고 싶어요. コンサートに友達を連れていきたいです。
□□□	데려오다	連れてくる	우리집에 친구를 데려오고 싶어요. 私の家に友達を連れてきたいです。
□□□	데이트	デート	주말에 여자친구와 데이트를 했어요. 週末に彼女とデートをしました。
□□□	도	～度	오늘은 삼십오 도예요. 今日は35度です。
□□□	도로	道路	도로가 막혀서 늦었어요. 道路が渋滞して遅れました。
□□□	도서관	図書館	책을 빌리려고 도서관에 가요. 本を借りに図書館に行きます。
□□□	도시	都市	도시는 시골보다 공기가 좋지 않아요. 都市は田舎より空気がよくないです。
□□□	도와주다	助ける / 手伝う	지금까지 도와줘서 감사합니다. 今まで手伝ってくれてありがとうございます。
□□□	도움	助け / 手助け	이벤트에는 도움이 많이 필요해요. イベントには助けがたくさん必要です。

□□□	도착	到着 / 着く	학교에 몇 시에 도착했어요? 学校に何時に着きましたか?
□□□	독서	読書	제 취미는 독서예요. 私の趣味は読書です。
□□□	독일	ドイツ	지금 독일에서는 맥주축제를 하고 있습니다. 今ドイツではビール祭りをしています。
□□□	돈	お金	돈을 모아서 여행을 가고 싶어요. お金を貯めて旅行に行きたいです。
□□□	돈가스	とんかつ	일본 돈가스는 맛있어요. 日本のとんかつは美味しいです。
□□□	돌	石	길에 돌이 많이 있어요. 道に石がたくさんあります。
□□□	돌다	回る	남자친구와 공원을 돌면서 이야기를 했습니다. 彼氏と公園を回りながら話をしました。
□□□	돌려주다	返す	도서관에 책을 돌려줬어요. 図書館に本を返しました。
□□□	돌리다	回す	볼펜을 돌릴 수 있어요? ボールペンを回せますか?
□□□	돌아가다	帰る / 帰っていく	한국어 선생님은 어제 한국으로 돌아갔어요. 韓国語の先生は昨日韓国に帰りました。
□□□	돌아오다	帰る / 帰ってくる	오빠가 밤 열한 시에 집으로 돌아왔어요. 兄が夜11時に家に帰ってきました。

023

□□□	돕다	手伝う	도와 주세요. 手伝ってください。 ㅂ不規則。「도와요 手伝います」、「도와서 手伝って」、「도우니까　手伝うから」、「도우면 手伝ったら」。
□□□	동네	町 / 町内	이 동네에서 태어났어요. この町で生まれました。
□□□	동대문	東大門 （トンデムン）	동대문은 서울에 있어요. 東大門はソウルにあります。
□□□	동물	動物	어떤 동물을 좋아해요? どんな動物が好きですか？
□□□	동물원	動物園	우에노 동물원에 가 본 적 있어요? 上野動物園に行ったことがありますか？
□□□	동생	弟 / 妹	저는 동생이 없어요. 私には弟（妹）がいません。
□□□	동시	同時	한국어와 영어 숙제를 동시에 했다. 韓国語と英語の宿題を同時にした。
□□□	동안	あいだ	며칠 동안 비가 내리고 있어요. 数日間雨が降っています。
□□□	동전	コイン / 小銭	백 원짜리 동전 좀 빌려주세요. 100ウォン玉を貸してください。 「짜리」は、「〜に値する」の意味。上記の例文を直訳すると、「100ウォンに値する小銭」。
□□□	동쪽	東側	우리 학교는 역 동쪽에 있어요. 私の学校は駅の東側にあります。
□□□	돼지	豚	시골에서 돼지를 봤어요. 田舎で豚を見ました。

□□□	돼지고기	豚肉	닭고기보다 돼지고기를 더 좋아해요. 鶏肉より豚肉のほうが好きです。
□□□	되다	～になる	저는 가수가 되고 싶어요. 私は歌手になりたいです。
□□□	된장	味噌	된장으로 된장찌개를 만들었어요. 味噌で味噌チゲを作りました。
□□□	된장찌개	味噌チゲ	오늘 점심에 된장찌개를 먹을 거예요. 今日のお昼に味噌チゲを食べます。
□□□	두	2 / 2 つの	누나가 두 명 있어요. お姉さんが2人います。
□□□	두껍다	厚い	책이 두꺼워요. 本が厚いです。
□□□	두다	置く	책상 위에 책을 두었어요. 机の上に本を置きました。
□□□	두부	豆腐	두부를 좋아해요. 豆腐が好きです。
□□□	두세	2 つか 3 つの	아르바이트를 두세 개 하고 있어요. アルバイトを2つ、3つしています。
□□□	두통	頭痛	두통이 심해서 약을 먹어야 해요. 頭痛がひどくて薬を飲まなければなりません。
□□□	둘	2 つ / 2	그 사람은 둘도 없는 내 친구예요. その人はかけがえのない私の友達です。 「둘도 없다」とは、「かけがえのない / またとない」という意味の慣用句。

024

□□□	둘째	2番目の	둘째 오빠는 작년에 결혼했어요. 2番目の兄は昨年結婚しました。
□□□	뒤	後ろ	내 뒤에 고양이가 있어요. 私の後ろに猫がいます。
□□□	뒤쪽	後ろ側 / 裏側	학교 뒤쪽에 주차장이 있어요. 学校の裏側に駐車場があります。
□□□	드디어	とうとう / ついに	시험이 드디어 끝났습니다. 試験がついに終わりました。
□□□	드라마	ドラマ	한국 드라마는 대부분 이야기가 비슷하지만 재미있어요. 韓国ドラマはほとんど話が似ていますがおもしろいです。
□□□	드리다	差し上げる	부모님께 용돈을 드리고 싶어요. 両親にお小遣いを差し上げたいです。
□□□	듣다	聞く	요즘 어떤 음악을 즐겨 듣고 있습니까? 最近どんな音楽を好んで聴いていますか?
□□□	들다	かかる	유학을 가려면 돈이 많이 들어요. 留学に行くにはお金がたくさんかかります。
□□□	들다	持つ	가방을 들고 학교에 가요. かばんを持って学校に行きます。
□□□	들르다	寄る	편의점에 들른 다음에 집에 갔어요. コンビニに寄ってから家に帰りました。
□□□	들리다	聞こえる	지금 무슨 소리가 들려요? 今何の音が聞こえますか?

□□□	들어가다	入っていく	교실에 들어가서 선생님께 인사를 했어요. 教室に入っていって先生に挨拶をしました。
□□□	들어오다	入ってくる	제 방에 들어오지 마세요. 私の部屋に入ってこないでください。
□□□	등	背中 / 背筋	등을 펴고 앉으세요. 背筋を伸ばして座ってください。
□□□	등산	登山	저는 매주 등산을 해요. 私は毎週登山をします。
□□□	디자인	デザイン	친구의 가방은 디자인이 특이해요. 友達のかばんはデザインが珍しいです。
□□□	따뜻하다	暖かい	온돌방은 따뜻해요. オンドル部屋は暖かいです。
□□□	따로	別に	친구와 여행을 가서 따로 잤어요. 友達と旅行に行って別々に寝ました。
□□□	딸	娘	언니에게는 딸이 한 명있어요. 姉には娘が1人います。
□□□	딸기	いちご	봄에는 딸기가 맛있어요. 春はいちごがおいしいです。
□□□	땀	汗	그 선생님은 땀을 많이 흘려요. その先生は汗をたくさんかきます。

025

□□□	땅	土地 / 土	아버지께서는 정년퇴직을 하신 후에 시골에 있는 땅에 집을 짓고 산다고 하셨어요. お父さんは定年退職をしたあと田舎にある土地に家を建てて暮らすと言いました。
□□□	때	～とき	고등학생 때 그 친구와 만났어요. 高校生のときその友達に会いました。
□□□	떠나다	離れる / 発つ	그 사람은 나를 떠나서 서울로 갔어요. その人は私と離れてソウルに行きました。 「～と離れる」に対応する韓国語は「-을/를 떠나다」。
□□□	떠들다	騒ぐ	친구들이 교실에서 떠들어서 공부를 못 했어요. 友達が教室で騒いで勉強できませんでした。
□□□	떡	餅	엄마가 떡을 만들어 주셨어요. お母さんがお餅を作ってくれました。
□□□	떡국	トック(雑煮)	한국에서는 설날에 떡국을 먹어요. 韓国では正月にトックを食べます。
□□□	떡볶이	トッポッキ	떡볶이는 매워서 못 먹어요. トッポッキは辛くて食べられません。
□□□	떨어지다	落ちる	책이 책상 위에서 떨어졌어요. 本が机の上から落ちました。
□□□	또	また	그 여자한테서 또 전화가 왔어요. その女性からまた電話が来ました。

□□□	또는	または	그 여자 또는 그 남자가 여기에 올 거예요. その女性またはその男性がここに来る予定です。
□□□	똑같다	まったく同じだ	이 옷은 친구의 옷이랑 똑같아요. この服は友達の服とまったく同じです。
□□□	똑같이	まったく同じく	저는 누나랑 똑같이 생겼어요. 私はお姉さんとまったく同じです(そっくりです)。
□□□	똑똑하다	はっきりしている / 明確だ / 優秀な頭をしている / 賢い	저는 똑똑한 사람을 좋아해요. 私は賢い人が好きです。
□□□	똑바로	まっすぐに	이 길을 똑바로 걸어가면 학교가 있어요. この道をまっすぐ歩いていくと学校があります。
□□□	뚱뚱하다	体が太っている	저 사람은 뚱뚱해요. あの人は太っています。
□□□	뛰다	走る	저는 매일 운동장을 뛰어요. 私は毎日運動場を走ります。
□□□	뛰어가다	走っていく	그 친구는 건강을 위해서 회사까지 뛰어가요. その友達は健康のために会社まで走っていきます。
□□□	뜨겁다	熱い	국이 뜨거워서 아직 못 먹어요. スープが熱くてまだ食べられません。 日本語ではスープは「飲む」を使うが、韓国語では「먹다 食べる」を使う。

026

□ □ □	뜨다	開ける / 開く	눈을 뜨고 나를 보세요. 目を開けて私を見てください。
□ □ □	뜻	意味	그 단어의 뜻은 뭐예요? その単語の意味は何ですか?

027

ㄹ

□□□	라디오	ラジオ	저는 매일 아침 라디오를 들어요. 私は毎朝ラジオを聞きます。
□□□	라면	ラーメン	집에서 라면을 먹었어요. 家でラーメンを食べました。
□□□	러시아	ロシア	러시아에 가 본 적 있어요? ロシアに行ったことがありますか?
□□□	레스토랑	レストラン	친구와 레스토랑에서 만날 거예요. 友達とレストランで会うつもりです。

028

ㅁ

□□□	마당	庭	마당이 넓어서 좋아요. 庭が広くていいです。
□□□	마르다	乾く	날씨가 좋아서 빨래가 벌써 다 말랐어요. 天気がよくて洗濯物がもう乾きました。
□□□	마리	～匹 / ～頭	우리집에 강아지가 한 마리 있어요. 我が家に子犬が1匹います。
□□□	마시다	飲む	하루에 물을 몇 잔 마셔요? 1日に水を何杯飲みますか?
□□□	마을	町 / 村	우리 마을에 교회가 있어요. 私の町に教会があります。
□□□	마음	心	그 사람은 마음이 따뜻해요. その人は心が暖かいです。
□□□	마중	出迎え	역으로 친구를 마중 가야 해요. 駅に友達を迎えに行かなければなりません。
□□□	마지막	最後 / 終わり	오늘이 그 선생님의 마지막 수업이에요. 今日がその先生の最後の授業です。
□□□	마치다	終わる / 終える	일을 마친 후 쇼핑 갈 거예요. 仕事を終えたあと買い物に行くつもりです。
□□□	마트	スーパー	야채를 사러 마트에 갔어요. 野菜を買いにスーパーに行きました。

□□□	마흔	40歳	엄마는 마흔 살이에요. 母は40歳です。
□□□	막걸리	マッコリ	막걸리를 먹어 본 적 있어요? マッコリを飲んだことがありますか?
□□□	막히다	詰まる	길이 막혀서 늦었어요. 道が混んで遅れました。
□□□	만	万(10,000)	이 옷은 오 만원이에요. この服は5万ウォンです。
□□□	만나다	会う	친구를 만나서 영화를 보러 갔어요. 友達に会って映画を見に行きました。
□□□	만두	餃子	저는 일본 만두를 좋아해요. 私は日本の餃子が好きです。
□□□	만들다	作る	음식을 만들어서 친구를 초대했어요. 料理を作って友達を招待しました。
□□□	만약	万が一 / もし	만약 비가 오면 여행은 안 갈 거예요. もし雨が降ったら旅行には行きません。
□□□	만일	万が一 / もし	만일을 대비해서 비상식품을 샀어요. 万が一に備えて非常食品を買いました。
□□□	만지다	触る	귀여운 아기의 얼굴을 만졌어요. かわいい赤ちゃんの顔を触りました。
□□□	만화	漫画	버스 안에서 만화를 읽었어요. バスの中で漫画を読みました。

029

□□□	많다	多い / たくさんだ	우리집에는 책이 많아요. 我が家には本がたくさんあります。
□□□	많이	多く / たくさん	형제가 많이 있어서 좋아요. 兄弟がたくさんいていいです。
□□□	말	話	피곤해서 말을 하고 싶지 않아요. 疲れて話したくないです。
□□□	말	馬	저는 말을 타 본 적 없어요. 私は馬に乗ったことがありません。
□□□	말	末	이번 달 말에 친구가 일본에 와요. 今月末に友達が日本に来ます。
□□□	말다	中断する / 途中でやめる	여기에서 담배를 피우지 말고 저기에서 피우세요. ここでタバコを吸わないであそこで吸ってください。
□□□	말레이시아	マレーシア	말레이시아에서 친구를 만났어요. マレーシアで友達に会いました。
□□□	말씀	お話 / お言葉	어머님의 말씀을 듣고 울었어요. お母さんのお話を聞いて泣きました。
□□□	맑다	清い / 澄んでいる	공기가 맑아서 기분이 좋아요. 空気が澄んでいて気持ちがいいです。
□□□	맛	味	그 케이크 맛은 매우 달아요. そのケーキの味はとても甘いです。
□□□	맛없다	おいしくない	그 편의점 도시락은 맛없어요. そのコンビニ弁当はおいしくないです。

□□□	**맛있다**	おいしい	**이번 주말에는 맛있는 요리를 만들 거예요.** 今週末にはおいしい料理を作ります。
□□□	**맛다**	合う / 正しい	**그 친구의 생각이 맞습니다.** その友達の考えが正しいです。
□□□	**맞추다**	合わせる	**시험을 본 후 친구와 답을 맞추어 봤어요.** 試験を受けたあと友達と答えを合わせてみました。 「-ㄴ(은) 후」は「～したあと」の意味である。「간 후 行ったあと」、「먹은 후 食べたあと」。
□□□	**매년**	毎年 / 年ごと	**매년 여름에 가족들과 여행을 가요.** 毎年夏に家族と旅行に行きます。
□□□	**매다**	結ぶ	**머리를 매고 학교에 갔어요.** 髪を結んで学校に行きました。
□□□	**매달**	毎月	**매달 한 번씩 병원에 가요.** 毎月1度病院に行きます。
□□□	**매우**	とても / たいへん	**여자친구를 만나서 매우 기뻐요.** 彼女に会えてとても嬉しいです。
□□□	**매일**	毎日	**우리는 매일 한국어 공부를 해요.** 私たちは毎日韓国語の勉強をします。
□□□	**매주**	毎週	**매주 일요일에는 공원에서 산책을 해요.** 毎週日曜日には公園で散歩をします。
□□□	**매표소**	切符売り場	**극장 매표소에서 영화 티켓을 두 장 샀어요.** 劇場のチケット売り場で映画のチケットを2枚買いました。

030

□□□	맥주	ビール	한국에서는 치킨과 맥주를 ‘치맥’이라고 해요. 韓国ではチキン(치킨)とビール(맥주)を合わせてチメク(치맥)と言います。
□□□	맵다	辛い	떡볶이는 매워요. トッポッキは辛いです。
□□□	머리	頭	그 사람은 머리가 좋아요. その人は頭がいいです。
□□□	머리카락	髪の毛	그 남자는 머리카락이 긴 여자를 좋아해요. その男性は髪の毛が長い女性が好きです。
□□□	먹다	食べる	무엇을 먹고 싶어요? 何が食べたいですか?
□□□	먼저	まず / 先に	먼저 타세요. お先にお乗りください。
□□□	멀다	遠い	그 학교는 우리집에서 너무 멀어서 이 학교에 왔어요. その学校は我が家から遠すぎたのでこの学校に来ました。
□□□	멀리	遠く / はるか (に)	여름휴가 때 멀리 여행을 갈 예정이에요. 夏休みに遠くへ旅行に行くつもりです。
□□□	멈추다	止まる / 止む	공부는 멈추지 말고 계속해야 해요. 勉強は止めずに続けなければいけません。
□□□	멋	おしゃれ	데이트가 있어서 멋을 냈어요. デートだったのでおしゃれをしました。 「멋을 내다」は「おしゃれをする」という意味の慣用句。

□□□	멋있다	素晴らしい / すてきだ	그 사람은 정말 멋있어요. その人は本当にすてきです。
□□□	메뉴	メニュー	메뉴 좀 주세요. メニューをください。
□□□	메다	背負う	가방을 메고 등산을 가요. かばんを背負って山登りに行きます。
□□□	메모	メモ	약속을 잊지 않으려고 수첩에 메모했어요. 約束を忘れないように手帳にメモしました。
□□□	메시지	メッセージ	전화를 안 받아서 메시지를 남겼어요. 電話に出なかったのでメッセージを残しました。
□□□	메일	メール	선생님께 메일을 보냈습니다. 先生にメールを送りました。
□□□	며칠	何日	생일이 몇 월 며칠이에요? 誕生日は何月何日ですか?
□□□	명	～名	친구가 다섯 명 있어요. 友達が5人います。
□□□	명절	節句(秋夕、正月など)	추석은 한국의 명절이에요. 秋夕は韓国の名節です。
□□□	몇	何 / いくつ	책이 몇 권 있어요? 本が何冊ありますか?
□□□	모기	蚊	모기가 많아서 잠을 못 잤어요. 蚊が多くて眠れませんでした。

031

□□□	모두	皆 / すべて	우리는 모두 일본사람입니다. 私たちは皆日本人です。
□□□	모든	すべての	저는 모든 사람들을 사랑합니다. 私はすべての人たちを愛しています。
□□□	모레	あさって	우리 가족은 모레 소풍을 갈 예정입니다. 私の家族はあさってピクニックに行く予定です。
□□□	모르다	知らない	저는 한국 역사에 대해서 잘 몰라요. 私は韓国の歴史についてよく知りません。
□□□	모습	姿 / 影	오랜만에 만난 그 친구의 모습은 변하지 않았어요. 久しぶりに会ったその友達の姿は変わっていませんでした。
□□□	모시다	お世話する / 仕える	저는 부모님을 모시고 살고 있어요. 私は両親の世話をしながら暮らしています。
□□□	모양	形 / 外見	내 가방은 네모 모양이에요. 私のかばんは四角形です。
□□□	모으다	集める	저는 머그컵을 모으고 있어요. 私はマグカップを集めています。
□□□	모이다	集まる	돈이 모이면 해외여행을 갈 거예요. お金が貯まったら海外旅行に行くつもりです。
□□□	모임	集まり	오늘 밤에는 초등학교 때 친구들과 모임이 있어요. 今夜は小学校のときの友達と集まりがあります。

□□□	모자	帽子	할머니들이 모자를 쓰고 등산을 하고 있었어요. おばあさんたちが帽子をかぶって登山をしていました。
□□□	모자라다	足りない	돈이 모자라서 그 옷을 못 샀어요. お金が足りなくてその服を買えませんでした。
□□□	목	首	제 친구는 목이 길어서 예뻐요. 私の友達は首が長くてきれいです。
□□□	목걸이	ネックレス	생일에 목걸이를 선물 받고 싶어요. 誕生日にネックレスをプレゼントしてほしいです。
□□□	목도리	マフラー	추워서 목도리를 하고 회사에 갔어요. 寒くてマフラーをして会社に行きました。
□□□	목소리	声	제 친구는 목소리가 예뻐서 성우가 되었어요. 私の友達は声がきれいなので声優になりました。
□□□	목요일	木曜日	매주 목요일에 한국어 수업이 있어요. 毎週木曜日に韓国語の授業があります。
□□□	목욕	入浴	일요일에는 집에서 목욕을 할 거예요. 日曜日には家でお風呂に入るつもりです。

□□□	목욕탕	風呂屋 / 銭湯	저는 매주 일요일에 목욕탕에 갔는데 지금은 안 가요. 私は毎週日曜日に銭湯に行っていましたが今は行きません。 韓国語の「갔는데 行ったけど」は日本語では「行っていた 가고 있었다」のような意味になる。このようなテンス(時制)においては日韓両言語には相違点がある。特に、上記の例文のような過去に行われていた行動に関してのテンスには注意が必要。
□□□	목적	目的	학교에 온 목적이 뭐예요? 学校に来た目的は何ですか?
□□□	몸	体	당신의 몸 중에서 가장 자신있는 부분은 어디예요? あなたの体の中でいちばん自信のある部分はどこですか?
□□□	못	(不可能な意を表す)	저는 술을 못 마셔요. 私はお酒が飲めません。
□□□	못생기다	醜い	오늘 아침에 못생긴 강아지를 봤는데 귀여웠어요. 今朝ブサイクな子犬を見たけどかわいかったです。
□□□	못하다	できない	저는 프랑스어를 못해요. 私はフランス語ができません。
□□□	몽골	モンゴル	몽골에서 온 친구하고 한국식당에 갔어요. モンゴルから来た友達と韓国料理店に行きました。
□□□	무	大根	무로 깍두기를 만들었어요. 大根でカクテキを作りました。
□□□	무겁다	重い	가방이 무거워서 힘들었어요. かばんが重くて大変でした。

□□□	무게	重さ	공항에서 가방의 무게를 달았어요. 空港でかばんの重さを量りました。
□□□	무궁화	ムクゲ	한국의 국화는 무궁화입니다. 韓国の国花はムクゲです。 국화は「国花」という意味。
□□□	무료	無料	그 식당은 김치를 무료로 먹을 수 있어요. その食堂はキムチを無料で食べられます。
□□□	무릎	膝	할머니는 무릎이 아파서 병원에 가셨어요. おばあさんは膝が痛くて病院に行きました。
□□□	무섭다	怖い	밤에 무서운 이야기를 들었어요. 夜怖い話を聞きました。
□□□	무슨	何の / どんな / どういう	무슨 요일을 좋아해요? 何曜日が好きですか?
□□□	무엇	何 / なん	아침에 무엇을 먹었어요? 朝食に何を食べましたか? 「아침」は「朝」と「朝食」の意味を持っている。「점심　昼 / 昼ご飯」、「저녁　夕方 / 夕食」も同様。
□□□	무척	たいへん / 非常に	어머니는 노래를 무척 잘 하십니다. お母さんは歌がとても上手です。
□□□	문	ドア	친구가 와서 문을 열어 주었어요. 友達が来てドアを開けてくれました。
□□□	문제	問題	그 문제는 너무 어려웠어요. その問題はとても難しかったです。

033

□□□	문화	文化	저는 한국 문화에 관심이 많아요. 私は韓国文化に関心が高いです。
□□□	묻다	尋ねる	서울에서 길을 물어 봤어요. ソウルで道を尋ねてみました。 ㄷ不規則。「물어요 尋ねます」、「물어서 尋ねて」、「물으니까 尋ねるから」、「물으면 尋ねたら」。
□□□	물	水	목이 말라서 물을 마셨어요. 喉が渇いて水を飲みました
□□□	물건	品物	편의점에는 여러가지 물건들이 많이 있어요. コンビニにはいろいろな品物がたくさんあります。
□□□	물고기	魚	집에서 물고기를 키우고 있어요. 家で魚を飼っています。
□□□	물론	もちろん	물론 그 사람을 잘 알고 있죠. もちろんその人をよく知っていますね。
□□□	물어보다	尋ねてみる	그 사람의 취미를 물어보고 싶어요. その人の趣味を聞いてみたいです。
□□□	뭐	何 / 何か	이게 뭐예요? これは何ですか?
□□□	미국	アメリカ	우리 영어 선생님은 미국사람이에요. 私たちの英語の先生はアメリカ人です。
□□□	미끄러지다	滑る	눈이 오는 날에는 미끄러지지 않도록 조심하세요. 雪が降る日には滑らないように気をつけてください。

□□□	미래	未来	저의 미래에 대해서 생각해 봤어요. 私の未来について考えてみました。
□□□	미리	あらかじめ / 前もって / 事前に	수업 전에 미리 예습을 했어요. 授業前に事前に予習をしました。
□□□	미술관	美術館	도쿄에는 미술관이 많이 있어요. 東京には美術館がたくさんあります。
□□□	미안하다	すまない	미안합니다. ごめんなさい。
□□□	미역국	ワカメスープ	한국에서는 생일날에 미역국을 먹어요. 韓国では誕生日にワカメスープを食べます。
□□□	미용실	美容室	다음 주 일요일에 미용실에 갈 거예요. 来週の日曜日に美容室に行くつもりです。
□□□	미터	メートル	백 미터를 몇 초에 달립니까? 100メートルを何秒で走りますか?
□□□	믿다	信じる	제 말을 믿어 주세요. 私の話を信じてください。
□□□	밀가루	小麦粉	저는 밀가루 음식을 싫어해요. 私は小麦粉の食べ物が嫌いです。
□□□	밀다	押す	문을 밀고 들어갔어요. ドアを押して入りました。
□□□	밑	下	책상 밑에 고양이가 있어요. 机の下に猫がいます。

034

ㅂ

□□□	바깥	外	바깥은 추워서 안에 있어요. 外は寒いので中にいます。
□□□	바깥쪽	外側	창문 바깥쪽에는 눈이 쌓여 있었어요. 窓の外側には雪が積もっていました。
□□□	바꾸다	代える / 交換する	엔을 원으로 바꾸었어요. 円をウォンに両替しました。
□□□	바뀌다	替わる / 替える	한국어 선생님이 바뀌었어요. 韓国語の先生が替わりました。
□□□	바나나	バナナ	바나나를 하루에 한 개씩 먹어요. バナナを1日に1本ずつ食べます。
□□□	바다	海	여름방학 때 친구와 바다에 갔어요. 夏休みに友達と海に行きました。
□□□	바닥	表面 / 床	책이 바닥에 떨어졌어요. 本が床に落ちました。
□□□	바닷가	浜辺 / 海辺	바닷가에 앉아서 친구와 이야기를 했어요. 海辺に座って友達と話をしました。
□□□	바라다	願う	꼭 합격하기를 바랍니다. 必ず合格するようお願いします。
□□□	바라보다	見渡す / 眺める	하늘을 바라보면서 아버지를 생각했어요. 空を眺めながら父のことを考えました。

□□□	바람	風	바람이 강해서 우산이 날아갔어요. 風が強くて傘が飛んで行きました。
□□□	바로	まっすぐ	일이 끝나면 바로 집에 갈 거예요. 仕事が終わったらまっすぐ家に帰るつもりです。
□□□	바르다	紙を貼る / 化粧品等を塗る	매일 밤에 영양크림을 발라요. 毎晩栄養クリーム(美容クリーム)を塗ります。
□□□	바쁘다	忙しい	너무 바빠서 친구를 못 만났어요. とても忙しくて友達に会えませんでした。
□□□	바이올린	バイオリン	친구는 바이올린을 배우고 있어요. 友達はバイオリンを学んでいます。
□□□	바지	ズボン	여자는 치마와 저고리를 입고 남자는 바지와 저고리를 입어요. 女性はスカートとチョゴリを着て、男性はズボンとチョゴリを着ます。
□□□	박물관	博物館	이집트에서 박물관에 갔어요. エジプトで博物館に行きました。
□□□	박수	拍手	멋진 공연이었기 때문에 오랫동안 박수를 쳤어요. すてきな公演だったので長い間拍手をしました。
□□□	밖	外	아이들이 밖에서 놀고 있어요. 子供たちが外で遊んでいます。
□□□	반	半分	다이어트 중이라서 빵을 반만 먹었어요. ダイエット中なのでパンを半分だけ食べました。

035

□□□	반	クラス	다른 반 친구들과 여행을 갔어요. 他のクラスの友人たちと旅行に行きました。
□□□	반갑다	出会って懐かしい / 喜ばしい	오랜만에 친구를 만나서 반가웠어요. 久しぶりに友達に会えて嬉しかったです。
□□□	반대	反対	내 의견에 반대하는 사람은 없었어요. 私の意見に反対する人はいませんでした。
□□□	반드시	必ず	올해는 반드시 토픽 삼 급에 합격하겠습니다. 今年は必ずTOPIK3級に合格するつもりです。
□□□	반바지	半ズボン	그 사람은 겨울에도 반바지를 입어요. その人は冬でも半ズボンを履いています。
□□□	반지	リング	남자친구가 저에게 반지를 주었어요. 彼氏が私に指輪をくれました。
□□□	반찬	おかず / 惣菜	한식에는 반찬이 많아요. 韓国料理はおかずが多いです。
□□□	받다	受ける / 取る / もらう	졸업식에서 상을 받았어요. 卒業式で賞をもらいました。
□□□	받아쓰다	書き取る	내일 한국어 수업에서 받아쓰기가 있어서 공부해야 해요. 明日韓国語の授業で書き取りがあるので勉強しなければなりません。

□□□	발	足	그 농구선수의 발은 매우 컸어요. そのバスケットボール選手の足はとても大きかったです。
□□□	발가락	足の指	나는 엄마와 발가락이 닮았어요. 私は母と足の指が似ています。
□□□	발바닥	足の裏	피곤할 때는 발바닥 마사지를 해요. 疲れたときは足裏マッサージをします。
□□□	밝다	明るい	내 방은 창문이 커서 아주 밝아요. 私の部屋は窓が大きくてとても明るいです。
□□□	밤	夜	남자친구는 밤에 아르바이트를 해요. 彼氏は夜アルバイトをします。
□□□	밥	ご飯	밥을 싫어하는 사람도 있어요. ご飯が嫌いな人もいます。
□□□	방	部屋	제 방은 좁아서 큰 방으로 이사하고 싶어요. 私の部屋は狭いので大きい部屋に引っ越したいです。
□□□	방금	たった今	그 사람은 방금 퇴근했어요. その人はたった今退勤しました。
□□□	방문	部屋の戸	추워서 방문을 닫았어요. 寒くて部屋のドアを閉めました。
□□□	방문	訪問	선생님께서 우리집을 방문하셨어요. 先生が我が家を訪問しました。
□□□	방법	方法	그 기계의 사용 방법을 아세요? その機械の使い方を知っていますか?

036

□□□	방송	放送	한국어 공부를 하려고 한국 방송을 들어요. 韓国語の勉強をしようと韓国の放送を聞いています。
□□□	방송국	放送局	아이돌을 만나고 싶어서 방송국에 갔어요. アイドルに会いたくて放送局に行きました。
□□□	방학	学校の長期の休み	여름방학 때 친구와 여행을 가려고 합니다. 夏休みに友達と旅行に行こうと思います。
□□□	방향	方向	산에서는 방향을 잃어버리지 마세요. 山では方向を見失わないでください。
□□□	배	おなか	배가 아파서 학교에 못 갔어요. おなかが痛くて学校に行けませんでした。
□□□	배	船	배로 세계여행을 하고 싶어요. 船で世界旅行をしたいです。
□□□	배	梨	가을에는 배가 맛있어요. 秋は梨がおいしいです。 日本語では「秋は」となっていても韓国語では「가을에는」としたほうが自然。
□□□	배	～倍	일본의 국토는 한국보다 삼.팔 배 정도 커요. 日本の国土は韓国より3.8倍ほど大きいです。
□□□	배달	配達	집에서 자장면을 배달시켜서 맛있게 먹었어요. 家でジャージャー麺を配達してもらっておいしく食べました。

□□□	배드민턴	バドミントン	중학교 때 배드민턴을 했어요. 中学校のときバドミントンをしました。
□□□	배우	俳優	친구는 배우가 되고 싶다고 했어요. 友達は俳優になりたいと言いました。
□□□	배우다	学ぶ	한국어를 배우고 싶어서 학교에 입학했어요. 韓国語を学びたくて学校に入学しました。
□□□	배추	白菜	배추로 김치를 만들어요. 白菜でキムチを作ります。
□□□	배탈	腹痛 / 食あたり	배탈이 나서 병원에 갔어요. おなかをこわして病院に行きました。 「배탈이 나다」は「お腹をこわす / 腹痛を起こす」という意味の慣用句。
□□□	백	百(100)	그 라면은 팔백 엔이에요. そのラーメンは800円です。
□□□	백화점	百貨店 / デパート	백화점에서 여름 세일을 하고 있었어요. デパートで夏のセールをしていました。
□□□	뱀	蛇	저는 뱀을 싫어해요. 私は蛇が嫌いです。
□□□	버릇	癖	그 사람은 다리를 떠는 버릇이 있어요. その人は足を震わせる癖があります。 「떨다」は「震わせる」の意味。
□□□	버리다	捨てる	주말에 청소를 하고 쓰레기를 버렸어요. 週末に掃除をしてゴミを捨てました。

037

□□□	버스	バス	버스를 갈아타고 학교에 갔어요. バスを乗り換えて学校に行きました。
□□□	번	～番	십삼 번 버스를 타면 그 곳에 갈 수 있어요. 13番バスに乗ればそこに行けます。
□□□	번째	～番の／～度目の	그 콘서트에 내가 첫번째로 예약을 했어요. そのコンサートに私が1番目に予約をしました。
□□□	번호	番号	비행기 예약 번호를 메모했어요. 飛行機の予約番号をメモしました。
□□□	벌	～着／セット／一式	백화점에서 겨울 옷을 두 벌 샀어요. デパートで冬服を2着買いました。
□□□	벌다	稼ぐ	돈을 많이 벌어서 유학을 가고 싶어요. お金をたくさん稼いで留学に行きたいです。
□□□	벌써	もう／すでに	벌써 일 년이 다 지나가 버렸어요. もう1年が過ぎてしまいました。
□□□	벗다	脱ぐ	아들은 옷을 벗고 샤워를 했어요. 息子は服を脱いでシャワーを浴びました。
□□□	베트남	ベトナム	하노이는 베트남의 수도예요. ハノイはベトナムの首都です。
□□□	벽	壁	사진을 벽에 걸었어요. 写真を壁にかけました。

□□□	변하다	前と異なる / 変わる	오랜만에 만난 그 친구는 많이 변했어요. 久しぶりに会ったその友達はとても変わっていました。 日本語では「変わっていました」となっているが、韓国語ではそれに直接対応する「변하고 있었어요」ではなく、「변했어요」か「변해 있었어요」のほうが自然。
□□□	변호사	弁護士	누나는 변호사랑 결혼했어요. 姉は弁護士と結婚しました。
□□□	별	星	그 섬에서는 별을 많이 볼 수 있었어요. その島では星をたくさん見ることができました。
□□□	별로	別に / さほど	날씨가 좋아서 등산은 별로 힘들지 않았어요. 天気が良かったので登山はそれほど大変ではありませんでした。
□□□	병	病気	우리 고양이가 병에 걸려서 밤에 잠을 못 잤어요. うちの猫が病気になって夜眠れませんでした。 「병에 걸리다」は「病気になる / 病気にかかる」の意味。
□□□	병	瓶	그 아저씨는 병을 주워서 팔았어요. そのおじさんは瓶を拾って売りました。
□□□	병문안	お見舞い	할아버지가 입원해 계셔서 병문안을 갔어요. おじいさんが入院していたのでお見舞いに行きました。
□□□	병원	病院	제 친구는 병원에서 일을 하고 있어요. 私の友達は病院で働いています。

038

□□□	보내다	送る	좋아하는 가수에게 편지를 보낼 거예요. 好きな歌手に手紙を送るつもりです。
□□□	보다	見る	그 호텔에서는 후지산을 볼 수 있어서 기분이 좋았어요. そのホテルでは富士山を見ることができて気持ちが良かったです。
□□□	보다	より	그 분은 저보다 키가 커요. その方は私より背が高いです。
□□□	보라색	紫色	제 친구는 보라색 안경을 꼈어요. 私の友達は紫色の眼鏡をかけています。
□□□	보이다	見える	우리집에서 후지산이 보입니다. 我が家から富士山が見えます。
□□□	보이다	見せる	겨울방학 때 찍은 사진을 친구에게 보여줬어요. 冬休みに撮った写真を友達に見せてあげました。
□□□	보통	普通	보통 몇 시에 일어나요? 普通何時に起きますか?
□□□	복습	復習	매일 집에 가서 복습을 할 거예요. 毎日家に帰って復習をします。
□□□	복잡하다	複雑だ / 混雑する	저녁에는 길이 복잡하니까 아침에 출발합시다. 夕方には道が混雑するから朝出発しましょう。
□□□	볶다	炒める / 煎る	야채를 볶아서 반찬을 만들었어요. 野菜を炒めておかずを作りました。

□□□	**볶음밥**	炒めご飯 / チャーハン	**오늘은 점심으로 볶음밥을 먹었어요.** 今日はお昼にチャーハンを食べました。
□□□	**볼펜**	ボールペン	**이 서류는 까만색 볼펜으로 써야 합니다.** この書類は黒いボールペンで書かなければいけません。
□□□	**봄**	春	**봄에는 벚꽃 사진을 찍을 거예요.** 春には桜の写真を撮ります。
□□□	**봉투**	封筒	**친구가 준 봉투 안에 예쁜 편지가 있었어요.** 友達がくれた封筒の中にきれいな手紙がありました。
□□□	**뵙다**	お目にかかる / お会いする	**초등학교 때 선생님을 뵙고 싶습니다.** 小学校のときの先生にお会いしたいです。
□□□	**부끄럽다**	恥ずかしい	**사람들이 많이 있는 곳에서는 부끄러워서 말을 못해요.** 人がたくさんいるところでは恥ずかしくて言えません。
□□□	**부드럽다**	柔らかい / 感触がいい	**할머니께 부드러운 과자를 드렸어요.** おばあさんに柔らかいお菓子をあげました。 「드리다　差し上げる」は「주다　あげる」の敬語。
□□□	**부럽다**	羨ましい	**키도 크고 예쁜 친구가 부러워요.** 背も高くてきれいな友達が羨ましいです。

039

□□□	부르다	呼ぶ	친구 이름을 불러도 친구는 돌아보지 않았어요. 友達の名前を呼んでも友達は振り向きませんでした。
□□□	부르다	いっぱいだ	점심식사를 너무 많이 해서 배가 불러요. 昼食を食べすぎてお腹がいっぱいです。
□□□	부모님	両親	그 남자는 여자친구의 부모님께 인사를 드렸어요. その男は彼女の両親に挨拶をしました。
□□□	부부	夫婦	그 사람들은 삼 년 동안 사귄 후 부부가 되었어요. その人たちは3年間付き合ったあと夫婦になりました。
□□□	부분	部分	어려운 부분은 나중에 하고 쉬운 부분을 먼저 하세요. 難しい部分はあとでやって簡単な部分を先にしてください。
□□□	부산	釜山 （プサン）	작년 여름에 부산에 있는 대학교에 갔어요. 去年の夏に釜山にある大学に行きました。
□□□	부엌	台所	저는 요리를 좋아해서 부엌에 있는 시간이 많아요. 私は料理が好きなので台所にいる時間が多いです。
□□□	부인	婦人	사장님의 부인은 정말 아름다워요. 社長の奥さんは本当に美しいです。
□□□	부자	お金持ち	부자가 모두 행복한 것은 아니에요. お金持ちがみんな幸せなわけではありません。

□□□	부장	部長	우리 부장님의 취미는 등산이에요. うちの部長の趣味は登山です。
□□□	부족하다	不足する	아르바이트를 많이 해서 공부할 시간이 부족해요. アルバイトをたくさんしているので勉強する時間が足りません。
□□□	부지런하다	勤勉だ / まめまめしい	부지런한 사람이 성공할까요? 勤勉な人が成功するでしょうか?
□□□	부치다	届ける / 出す / 送る	옛날 친구에게 오랜만에 편지를 부쳤어요. 昔の友達に久しぶりに手紙を送りました。
□□□	부탁	依頼 / 頼み	부탁 좀 해도 될까요? ちょっとお願いしてもいいですか?
□□□	북쪽	北側	우리학교는 역의 북쪽 출구에 있어요. 私たちの学校は駅の北口にあります。
□□□	분	～方 / ～名様	몇 분을 예약하셨습니까? 何名様でご予約されましたか?
□□□	분	～分	수업은 오전 아홉 시 이십 분에 시작합니다. 授業は午前9時20分に始まります。
□□□	분명하다	はっきりしている / 明らかだ	그 친구의 한국어 발음은 매우 분명해서 선생님께 칭찬을 받았어요. その友達の韓国語の発音はとても明確で先生に褒められました。
□□□	분식	粉料理	저는 분식 중에서 떡볶이를 제일 좋아해요. 私は粉料理の中でトッポッキがいちばん好きです。

040

□□□	분위기	雰囲気	그 커플은 분위기가 좋은 곳에서 데이트를 합니다. そのカップルは雰囲気のいいところでデートをします。
□□□	분홍색	ピンク色	어머니는 분홍색 한복을 입으셨습니다. お母さんはピンクの韓服を着ました。
□□□	불	火	겨울에는 불조심을 해야 합니다. 冬は火の用心をしなければなりません。 「불조심」は「火の用心」の意味。
□□□	불고기	プルコギ	학교에서 불고기 만드는 방법을 배웠어요. 学校でプルコギの作り方を学びました。
□□□	불다	吹く	바람이 불어서 빨래가 모두 떨어져 버렸어요. 風が吹いて洗濯物が全部落ちてしまいました。
□□□	불쌍하다	かわいそうだ	주인이 없는 불쌍한 고양이가 길에서 비를 맞고 있었어요. 飼い主のいないかわいそうな猫が道で雨に降られていました。
□□□	불안하다	不安だ	지진이 일어나서 불안해요. 地震が起きて不安です。
□□□	불편하다	不便だ	불편한 것이 있으면 말씀하세요. 不便なことがあればおっしゃってください。
□□□	붉다	赤い	남자친구가 붉은 장미를 선물해 줬어요. 彼氏が赤いバラをプレゼントしてくれました。

□□□	붙다	つく / くっつく	가방에 귀여운 리본이 붙어 있어요. かばんにかわいいリボンがついています。
□□□	붙이다	つける / 貼る	우표를 붙여서 우체통에 넣었어요. 切手を貼ってポストに入れました。
□□□	블라우스	ブラウス	블라우스가 잘 어울리는 그 여자는 참 아름다워요. ブラウスがよく似合うその女性は本当に美しいです。
□□□	비	雨	비가 그쳐서 소풍을 갔어요. 雨がやんだので遠足に行きました。
□□□	비교	比較	저를 남하고 비교하지 마세요. 私を他人と比較しないでください。
□□□	비누	石鹸	식사를 하기 전에 비누로 손을 씻어야 해요. 食事をする前に石鹸で手を洗う必要があります。
□□□	비다	空く	콘서트장에는 빈 자리가 없었어요. コンサート会場には空席がありませんでした。
□□□	비디오	ビデオ	연휴 동안 비디오를 봤어요. 連休中にビデオを見ました。
□□□	비밀	秘密	나하고의 비밀을 지켜줄 수 있어요? 私との秘密を守ってくれますか?
□□□	비빔밥	ビビンバ	한국사람들은 비빔밥을 좋아해요. 韓国人はビビンバが好きです。
□□□	비슷하다	似ている	그 사람과 나는 성격이 비슷해요. その人と私は性格が似ています。

041

□□□	비싸다	高い	그 가방은 너무 비싸서 못 샀어요. そのかばんは高すぎて買えませんでした。
□□□	비행기	飛行機	비행기 안에서 영화를 봤어요. 飛行機の中で映画を見ました。
□□□	빌딩	ビル	도쿄에는 높은 빌딩이 많이 있어서 하늘이 보이지 않아요. 東京には高いビルがたくさんあって空が見えません。
□□□	빌리다	借りる	도서관에서 책을 빌렸어요. 図書館で本を借りました。
□□□	빠르다	早い / 速い	그 친구의 걸음은 빨라요. その友達の歩きは速いです。
□□□	빠지다	落ちる / 抜ける	다이어트를 해서 오 킬로그램이나 빠졌어요. ダイエットをして5キロも痩せました。 「(이)나」は予想した数量より実際が多かったことを強調する助詞。
□□□	빨간색	赤色	올해는 빨간색 립스틱이 유행이에요. 今年は赤い口紅がはやっています。
□□□	빨갛다	赤い	빨간 가방을 들고 있는 사람은 제 친구입니다. 赤いかばんを持っている人は私の友達です。
□□□	빨다	洗う / 洗濯する	주말에 이 옷을 빨 거예요. 週末にこの服を洗います。
□□□	빨래	洗濯	날씨가 좋아서 오늘은 빨래를 할 수 있어요. 天気が良くて今日は洗濯ができます。

□□□	빨리	早く / 速く	우리 선생님은 말을 너무 빨리 해요. 私たちの先生はとても速く話します。
□□□	빵	パン	아침에는 빵을 먹어요. 朝食にはパンを食べます。
□□□	빵집	パン屋	학교 앞에 빵집이 생겼어요. 学校の前にパン屋ができました。
□□□	빼다	抜く / 取り除く	우리 교실에는 선생님을 빼고 모두 일본사람이에요. 私たちの教室は先生を除いて皆日本人です。
□□□	뽑다	抜く / 引き抜く / 選ぶ	이번 겨울에는 대통령을 뽑는 선거가 있어요. この冬には大統領を選ぶ選挙があります。

042

ㅅ

□□□	사	4	‘사’를 싫어하는 사람들이 있어요. 「4」が嫌いな人がいます。
□□□	사거리	十字路 / 交差点	내일 학교 앞 사거리에서 만납시다. 明日学校前の交差点で会いましょう。
□□□	사계절	四季	일본에는 봄 여름 가을 겨울 사계절이 있습니다. 日本には春夏秋冬の四季があります。
□□□	사고	事故	어제 고속도로에서 교통사고가 일어났어요. 昨日高速道路で交通事故が起きました。
□□□	사과	りんご	아오모리는 사과로 유명해요. 青森はりんごで有名です。
□□□	사귀다	付き合う	지금 사귀고 있는 사람의 직업은 뭐예요? 今付き合っている人の職業は何ですか?
□□□	사다	買う	명동에서 겨울 옷과 신발을 많이 샀어요. 明洞で冬服と靴をたくさん買いました。
□□□	사람	人	그 사람은 어느 나라 사람이에요? その人はどこの国の人ですか?
□□□	사랑	愛	사랑해요. 愛しています。
□□□	사무실	事務室 / オフィス	아빠는 지금 사무실에 계세요. お父さんは今オフィスにいます。

□□□	사실	事実 / 本当	그 말이 사실이에요? その話は本当ですか?
□□□	사십	40	그 선생님은 일본에서 사십 년 동안 살고 있어요. その先生は日本に40年間住んでいます。
□□□	사업	事業 / ビジネス	저는 졸업한 다음에 사업을 하고 싶어요. 私は卒業したあとにビジネスをしたいです。
□□□	사용	使用	화장실을 사용해도 될까요? トイレを使ってもいいですか?
□□□	사월	4月	일본에는 사월에 입학식이 있어요. 日本では4月に入学式があります。
□□□	사이	間	스타벅스와 그 식당 사이에는 술집이 있어요. スターバックスとその食堂の間には居酒屋があります。
□□□	사이다	サイダー	가끔 사이다가 마시고 싶어질 때가 있어요. たまにサイダーが飲みたくなるときがあります。 「마시고 싶어 질 때가 있어요」は「마시다 飲む」+「-고 싶다 〜したい」+「아/어 지다 〜くなる」+「ㄹ(을) 때가 있다 〜するときがある」+「아/어요〜です / 〜ます」。
□□□	사이즈	サイズ	티셔츠 사이즈가 어떻게 되세요? Tシャツのサイズはどのくらいになりますか? 「어떻게 되세요?」は丁寧な表現としてよく使われ、「연세가 어떻게 되세요? おいくつでいらっしゃいますか?」、「성함이 어떻게 되세요? お名前は何とおっしゃいますか?」、「신장은 어떻게 되세요? 身長はどのぐらいですか?」など初対面や目上の人に使う。

043

□□□	사장	社長	우리 사장님은 내일 도쿄로 출장을 갑니다. うちの社長は明日東京に出張に行きます。
□□□	사전	辞書	전자사전으로 모르는 단어를 찾았어요. 電子辞書で知らない単語を調べました。
□□□	사진	写真	날씨가 좋아서 공원에서 사진을 찍었어요. 天気がいいので公園で写真を撮りました。
□□□	사탕	飴	조카에게 사탕을 사 줬어요. 甥(姪)に飴を買ってあげました。
□□□	사흘	3日 / 3日間	친구하고 사흘동안 한국 여행을 갔다왔어요. 友達と3日間韓国旅行に行ってきました。
□□□	산	山	아버지는 매일 산에 가십니다. お父さんは毎日山に行きます。
□□□	산책	散策 / 散歩	공원을 산책하면서 새로운 아이디어를 생각했어요. 公園を散歩しながら新しいアイデアを考えました。
□□□	살	肉 / 身の中身	가을이 되면 살이 쪄요. 秋になると太ります。 「살이 찌다」は「太る」という慣用句。反対は「살이 빠지다 痩せる」。
□□□	살	～歳	딸은 세 살이고 아들은 일곱 살이에요. 娘は3歳で、息子は7歳です。

□□□	살다	生きる	형은 결혼해서 행복하게 살고 있어요. お兄さんは結婚して幸せに暮らしています。
□□□	삼	3	교실은 삼 층에 있어요. 教室は3階にあります。
□□□	삼거리	三叉路	삼거리에 있는 그 식당이 맛있어요. 三叉路にあるその食堂がおいしいです。
□□□	삼겹살	サムギョプサル	한국사람들은 삼겹살을 좋아해요. 韓国人はサムギョプサルが好きです。
□□□	삼계탕	サムゲタン	한국사람들은 여름에 삼계탕을 먹어요. 韓国人は夏にサムゲタンを食べます。
□□□	삼십	30	이번 달은 삼십일까지 있어요. 今月は30日まであります。
□□□	삼월	3月	제 생일은 삼월 십삼일이에요. 私の誕生日は3月13日です。
□□□	삼촌	父の兄弟（伯父 / 叔父）	삼촌은 술을 좋아하세요. おじさんはお酒がお好きです。
□□□	상	賞	친구는 졸업식 때 상을 받았어요. 友達は卒業式のとき賞をもらいました。
□□□	상자	箱	책을 상자에 넣은 다음 보관했어요. 本を箱に入れてから保管しました。
□□□	상처	傷	얼굴에 상처가 생겨서 병원에 가야 해요. 顔に傷ができて病院に行かなければなりません。

044

□□□	상추	サンチュ	삼겹살을 먹을 때는 상추가 필요해요. サムギョプサルを食べるときはサンチュが必要です。
□□□	상품	商品	그 회사에서는 어떤 상품을 개발하고 있어요? その会社ではどんな商品を開発していますか?
□□□	새	鳥	아침에 새 소리를 들으면서 일어났어요. 朝、鳥の鳴き声を聞きながら起きました。
□□□	새	新しい / 新〜	새 가방을 사고 싶어요. 新しいかばんを買いたいです。
□□□	새로	新たに	새로 산 냉장고가 고장이 났어요. 新しく買った冷蔵庫が故障しました。
□□□	새롭다	新しい / 初めてだ	친구는 또 새로운 옷을 샀어요. 友達はまた新しい服を買いました。
□□□	새벽	夜明け	새벽에 일어나서 조깅을 했어요. 夜明けに起きてジョギングをしました。
□□□	새해	新年	새해에 새로운 수첩을 샀어요. 新年に新しい手帳を買いました。
□□□	색	色 / 色彩	어떤 색을 좋아하세요? どんな色が好きですか?
□□□	색깔	色 / 色彩	올해는 무슨 색깔이 유행이에요? 今年は何色がはやっていますか?
□□□	샌드위치	サンドイッチ	점심에는 샌드위치를 먹었어요. お昼にはサンドイッチを食べました。

□□□	생각	考え / 思い / 意見	커피를 마시면서 그 사람을 생각하고 있어요. コーヒーを飲みながらその人のことを考えています。
□□□	생각나다	思いつく / 思い出す	가을에는 그 사람이 생각나요. 秋にはその人を思い出します。
□□□	생기다	できる / 生じる	우리 학교 옆에 새로운 건물이 생겼어요. 私の学校の隣に新しい建物ができました。
□□□	생선	(食べ物としての)魚	무슨 생선을 제일 좋아하세요? 何の魚がいちばん好きですか?
□□□	생신	お誕生日	어머니 생신 때 선물을 하려고 돈을 찾았어요. 母のお誕生日にプレゼントをしようとお金を下ろしました。 「돈을 찾다」は「お金を下ろす」という意味。
□□□	생일	誕生日	동생 생일에는 동생과 함께 식사를 할 거예요. 弟(妹)の誕生日には弟(妹)と一緒に食事をするつもりです。
□□□	생활	生活	직장 생활에서 인간관계가 제일 어려워요. 職場生活で人間関係がいちばん難しいです。
□□□	샤워	シャワー	아빠는 동생과 함께 샤워를 해요. お父さんは弟(妹)と一緒にシャワーを浴びます。
□□□	서너	3つか4つの	겨울에 친구 서너 명과 여행을 가려고 해요. 冬に友達3、4人と旅行に行こうと思います。

045

□□□	서다	立つ	아기가 오늘부터 서서 걷기 시작했어요. 赤ちゃんが今日から立ち歩き始めました。
□□□	서두르다	急ぐ / あせる / 慌てる	친구와 약속이 있어서 서둘러서 집을 나갔어요. 友達と約束があって急いで家を出ました。
□□□	서랍	引き出し	서랍 안에는 가족사진이 있어요. 引き出しの中には家族写真があります。
□□□	서로	お互い / 双方	그 사람과 서로 잘 아세요? その人とはお互いによく知っていらっしゃるのですか?
□□□	서류	書類	사장님은 서류에 사인을 했어요. 社長は書類にサインをしました。
□□□	서른	30	저는 서른 살에 결혼하고 싶어요. 私は30歳で結婚したいです。
□□□	서비스	サービス	그 호텔은 서비스가 좋아서 또 이용하고 싶어요. そのホテルはサービスがいいのでまた利用したいです。
□□□	서양	西洋	친구는 서양문화를 전공했어요. 友達は西洋文化を専攻しました。
□□□	서울	ソウル	남산에서 보는 서울 야경은 아름다웠어요. 南山から見るソウルの夜景は美しかったです。
□□□	서점	書店	주말에 서점에서 책을 두 권 샀어요. 週末に本屋で本を2冊買いました。

□□□	서쪽	西側	우리 회사는 역의 서쪽 출구에서 가까워요. 私たちの会社は駅の西口から近いです。
□□□	섞다	混ぜる	쌀에 콩을 섞어서 밥을 지었어요. 米に豆を混ぜてご飯を炊きました。 「밥을 짓다」は「ご飯を炊く」の意味。
□□□	선물하다	プレゼントする	친구의 생일날 책을 선물했어요. 友達の誕生日に本をプレゼントしました。
□□□	선배	先輩	회사 선배가 일을 상세하게 가르쳐 줬어요. 会社の先輩が仕事を詳細に教えてくれました。
□□□	선생님	先生	중학교 때 선생님이 보고 싶어요. 中学校のときの先生に会いたいです。
□□□	선선하다	涼しい	날씨가 선선해서 기분이 좋아요. 天気が涼しくて気分がいいです。
□□□	선수	選手	남자친구는 축구 선수예요. 彼氏はサッカー選手です。
□□□	선택하다	選択する / 選ぶ	먹고 싶은 것이 많이 있어서 점심 메뉴를 선택할 수 없어요. 食べたいものがたくさんあってランチメニューを選べません。
□□□	선풍기	扇風機	에어컨과 선풍기를 동시에 사용하고 있어요. エアコンと扇風機を同時に使用しています。

046

□□□	설거지	（食後の）後片付け／皿洗い	요리는 엄마가 하시고 설거지는 제가 했습니다. 料理はお母さんがして、皿洗いは私がしました。
□□□	설날	正月	설날에는 부모님께 세배를 합니다. お正月には両親に新年の挨拶をします。
□□□	설렁탕	ソルロンタン	설렁탕은 김치랑 같이 먹으면 맛있습니다. ソルロンタンはキムチと一緒に食べるとおいしいです。
□□□	설명	説明	여행가서 가이드의 설명을 들었습니다. 旅行に行ってガイドの説明を聞きました。
□□□	설탕	砂糖	커피에 설탕을 조금 넣고 마셔요. コーヒーに砂糖を少し入れて飲みます。
□□□	섬	島	제주도는 한국에서 가장 큰 섬이에요. 済州島は韓国でいちばん大きい島です。
□□□	섭섭하다	名残惜しい／寂しい	오랜만에 만난 친구와 너무 빨리 헤어져서 섭섭해요. 久しぶりに会った友達とあまりにも早く別れて寂しいです。
□□□	성	姓	그 사람의 성은 김 씨입니다. その人の姓はキムさんです。
□□□	성격	性格	그 여자는 예쁘고 성격도 좋아요. その女性はきれいで性格も良いです。

□□□	성공	成功	삼촌은 미국에서 사업에 성공했어요. おじさんはアメリカでビジネスに成功しました。
□□□	성적	成績	성적이 나빠서 대학교에 가지 못 했어요. 成績が悪くて大学に行けませんでした。
□□□	성함	お名前	성함이 어떻게 되세요? お名前は何とおっしゃいますか。 初対面の方に名前を尋ねる際に使うフレーズ。
□□□	세	3つ / 3	오후 세 시 비행기로 한국에 갑니다. 午後3時の飛行機で韓国に行きます。
□□□	세	歳	한국 남자는 이십 세가 되면 군대에 가야 해요. 韓国の男性は20歳になると軍隊に行かなければなりません。
□□□	세계	世界	동생의 취미는 세계지도를 보는 것입니다. 弟(妹)の趣味は世界地図を見ることです。
□□□	세다	強い	그 남자는 힘이 세서 인기가 있어요. その男性は力が強くて人気があります。
□□□	세배	新年の挨拶	설날에는 세배를 하고 세뱃돈을 받습니다. お正月には新年の挨拶をしてお年玉をもらいます。
□□□	세상	世の中	세상은 넓고 할 일도 많아요. 世の中は広くやることも多いです。

047

□□□	세수	洗顔 / 洗面	아침에 일어나서 세수를 해요. 朝起きて洗顔をします。
□□□	세우다	立てる / 止める	여기에 차를 세우지 마세요. ここに車を止めないでください。
□□□	세탁	洗濯	오늘은 비가 와서 세탁을 못 해요. 今日は雨が降って洗濯ができません。
□□□	세탁기	洗濯機	올해 봄에 세탁기를 새로 샀어요. 今年の春に洗濯機を新しく買いました。
□□□	세탁소	クリーニング店	아버지의 와이셔츠를 세탁소에 맡겼어요. お父さんのワイシャツをクリーニング店に預けました。
□□□	센터	センター	우리 동네에 큰 쇼핑 센터가 생겼어요. 私の町に大きなショッピングセンターができました。
□□□	센티미터	〜センチメートル	그 배우의 키는 백팔십이 센티미터예요. その俳優の身長は182センチです。
□□□	셋	3つ	'하나 둘 셋'을 한 다음에 사진을 찍었어요. 「いち、に、さん」をして写真を撮りました。
□□□	셋째	3番目	저는 셋째 딸이에요. 私は三女です。
□□□	소	牛	시골에 가서 소를 본 적 있어요. 田舎に行って牛を見たことがあります。

□□□	소개	紹介	저의 여자친구를 소개하겠습니다. 私の彼女を紹介します。
□□□	소고기	牛肉	소고기로 불고기를 만들었어요. 牛肉でプルコギを作りました。
□□□	소금	塩	소금이 없으면 요리를 만들 수 없습니다. 塩がなければ料理を作ることはできません。
□□□	소리	音	지금 무슨 소리가 들리세요? 今何の音が聞こえていらっしゃいますか?
□□□	소설	小説	한국어로 유명한 소설을 읽고 싶어요. 韓国語で有名な小説を読みたいです。
□□□	소식	消息 / 便り	군대에 간 형한테서 소식이 왔어요. 軍隊に行ったお兄さんから便りが来ました。
□□□	소주	焼酎	한국사람들은 소주를 좋아합니다. 韓国人は焼酎が好きです。
□□□	소중하다	極めて大切だ / 貴重だ	소중한 가족을 위해서 기도를 했어요. 大切な家族のために祈りました。
□□□	소파	ソファー	아버지는 소파에 누워서 잤어요. 父はソファーに横になって寝ました。
□□□	소포	小包	친구한테 소포를 보냈어요. 友達に小包を送りました。
□□□	소풍	ピクニック / 遠足	날씨가 좋으면 소풍을 갈 거예요. 天気が良ければピクニックに行きます。

048

□□□	소화제	消化剤（胃薬）	저녁식사를 한 다음에 소화제를 먹었어요. 夕食を食べたあとに消化剤を飲みました。
□□□	속	中 / 内	가방 속에 뭐가 들어 있어요? かばんの中に何が入っていますか?
□□□	속도	速度	고속도로에서 속도를 내서 운전했어요. 高速道路でスピードを出して運転しました。
□□□	속옷	下着	여행 가방에 속옷을 넣었어요. スーツケースに下着を入れました。
□□□	손	手	저는 손이 커요. 私は手が大きいです。
□□□	손가락	指	신랑은 신부의 손가락에 반지를 끼워 줬어요. 新郎は新婦の指に指輪をはめてあげました。
□□□	손녀	孫娘	할머니는 손녀를 안고 계세요. おばあさんは孫娘を抱いています。
□□□	손님	お客	그 식당은 손님이 많이 있어서 예약을 해야 해요. その食堂はお客さんがたくさんいるので予約をしなければなりません。
□□□	손바닥	手のひら	약속을 잊지 않으려고 손바닥에 메모했어요. 約束を忘れないように手のひらにメモしました。
□□□	손수건	ハンカチ	그 사람은 손수건으로 땀을 닦았어요. その人はハンカチで汗を拭きました。

□□□	송편	ソンピョン（秋夕に食べるお餅）	추석에는 가족들이 모여서 송편을 만들어요. 秋夕には家族が集まってソンピョンを作ります。
□□□	쇼핑	ショピング	그 친구는 돈이 생기면 쇼핑을 해요. その友達はお金ができたらショッピングをします。
□□□	수건	タオル	수건을 갖고 온천에 갔어요. タオルを持って温泉に行きました。
□□□	수고	苦労	오늘도 수고하셨어요. 今日もご苦労様でした。
□□□	수박	すいか	여름방학 때 할머니 댁에 가서 가족들과 수박을 먹었어요. 夏休みに祖母の家に行って家族とすいかを食べました。
□□□	수상하다	怪しい	어젯밤에 수상한 전화가 와서 바로 끊었어요. 昨夜怪しい電話がかかってきましたがすぐに切りました。
□□□	수술	手術	할아버지가 수술을 하셔서 병원에 계세요. おじいさんが手術をして病院にいます。
□□□	수업	授業	오늘은 하루종일 수업이 있어서 피곤해요. 今日は一日中授業があって疲れています。
□□□	수영	水泳	초등학교에 다닐 때 수영을 배웠어요. 小学校に通っていたとき水泳を習いました。

049

□□□	수영복	水着	바다에 가기 전에 새로운 수영복을 샀어요. 海に行く前に新しい水着を買いました。 「-기 전」は「〜する前」という意味。「먹기 전 食べる前」、「가기 전 行く前」。
□□□	수영장	プール	수영장은 일주일에 몇 번 정도 가세요? プールは週に何回くらい行かれますか?
□□□	수요일	水曜日	매주 수요일에 보는 한국드라마는 너무 재미있어요. 毎週水曜日に見る韓国ドラマはとてもおもしろいです。
□□□	수저	スプーンと箸	숟가락과 젓가락을 '수저'라고 해요. スプーンと箸を「スジョ」といいます。
□□□	수첩	手帳	저는 매일 수첩에 일기를 써요. 私は毎日手帳に日記を書いています。
□□□	숙제	宿題	오늘은 숙제가 많이 있어서 일찍 못 자요. 今日は宿題がたくさんあって早く寝られません。
□□□	순두부찌개	スンドゥブチゲ	순두부찌개는 일본사람들도 좋아해요. スンドゥブチゲは日本人も好きです。
□□□	순서	順序	한국어 수업에서 발표 순서를 정했어요. 韓国語の授業で発表順序を決めました。
□□□	숟가락	スプーン	한국사람들은 숟가락으로 밥을 먹어요. 韓国人はスプーンでご飯を食べます。

□□□	술	酒	술을 좋아하세요? お酒がお好きですか?
□□□	술집	飲み屋	그 곳에는 유명한 술집이 많이 있어요. そこには有名な居酒屋がたくさんあります。
□□□	숫자	数字	무슨 숫자를 제일 좋아하세요? 何の数字がいちばんお好きですか?
□□□	쉬다	休む	쉬는 날에는 뭐 하세요? 休みの日には何をしていらっしゃいますか?
□□□	쉬다	息をする	산에 올라가서 깊게 숨을 쉬었어요. 山に登って深く息をしました。
□□□	쉰	50	아버지는 올해 쉰 살이세요. お父さんは今年50歳です。
□□□	쉽다	たやすい / 容易である / 簡単だ	그것은 저에게 쉬운 문제예요. それは私にとって簡単な問題です。
□□□	슈퍼마켓	スーパーマーケット	슈퍼마켓에서 야채와 과일을 샀어요. スーパーマーケットで野菜と果物を買いました。
□□□	스무	20	그 남자를 처음 만난 건 스무 살 때였어요. その男に初めて会ったのは20歳のときでした。
□□□	스물	20	언니는 스물두 살이에요. 姉は22歳です。

050

□□□	스스로	自ら / 自分で	딸은 이제 스스로 목욕을 할 수 있어요. 娘はもう自分でお風呂に入ることができます。
□□□	스웨터	セーター	날씨가 추워서 스웨터를 입었어요. 天気が肌寒くてセーターを着ました。
□□□	스카프	スカーフ	나는 스카프를 좋아해요. 私はスカーフが好きです。
□□□	스케이트	スケート	스케이트 국가 대표 선수들이 훈련을 받고 있어요. スケートの国家代表選手たちが訓練を受けています。
□□□	스키	スキー	겨울방학 때 스키를 타러 갈 거예요. 冬休みにスキーをしに行きます。 「스키를 타다」は「スキーをする」という意味。
□□□	스키장	スキー場	스키장에는 사람들이 많이 있어서 피곤했어요. スキー場には人がたくさんいて疲れました。
□□□	스타	スター	한국 스타들이 많이 출연하는 콘서트에 갔어요. 韓国のスターたちがたくさん出演するコンサートに行きました。
□□□	스트레스	ストレス	콘서트에서 스트레스를 풀었어요. コンサートでストレスを解消しました。
□□□	스파게티	スパゲッティ	이탈리아에서 먹은 스파게티 맛은 잊을 수가 없어요. イタリアで食べたスパゲッティの味が忘れられません。

□□□	스포츠	スポーツ	그 남자는 스포츠 선수를 그만두고 샐러리맨이 되었어요. その男はスポーツ選手を辞めてサラリーマンになりました。
□□□	슬퍼하다	悲しむ	그렇게 슬퍼하지 마세요. そんなに悲しまないでください。
□□□	슬프다	悲しい	많이 슬프지만 지금은 울 수 없어요. とても悲しいですが今は泣けません。
□□□	슬픔	悲しみ	그 사람의 얼굴에 슬픔이 가득했어요. その人の顔には悲しみが満ちていました。
□□□	습관	習慣	나는 아침에 일어나서 커피를 마시는 습관이 있어요. 私は朝起きがけにコーヒーを飲む習慣があります。
□□□	시	市	시즈오카 시에 있는 온천에 다녀왔어요. 静岡市にある温泉に行ってきました。
□□□	시	～時	몇 시에 만날까요? 何時に会いましょうか?
□□□	시간	時間	너무 바빠서 그 사람을 만날 시간이 없어요. 忙しすぎてその人に会う時間がありません。
□□□	시간표	時間割	학교에서 수업 시간표를 받았어요. 学校で授業の時間割をもらいました。

051

□□□	시계	時計	아빠의 시계를 지금은 내가 가지고 있어요. お父さんの時計を今は私が持っています。
□□□	시골	田舎	아버지는 회사를 그만두고 시골에서 살고 계세요. お父さんは会社を辞めて田舎に住んでいます。
□□□	시끄럽다	やかましい / うるさい	교실이 너무 시끄러워서 공부를 할 수 없습니다. 教室がうるさすぎて勉強できません。
□□□	시내	市内	시내에서 친구를 만나기로 했어요. 市内で友達に会うことにしました。
□□□	시다	酸っぱい	신 레몬을 홍차에 넣고 마셨어요. 酸っぱいレモンを紅茶に入れて飲みました。
□□□	시민	市民	서울에서 시민들이 모여서 데모를 했어요. ソウルで市民が集まってデモをしました。
□□□	시어머니	夫の母（姑）	설날에 시어머니께 세배를 드렸어요. お正月に姑に新年の挨拶をしました。
□□□	시원하다	涼しい	날씨가 시원해서 공원을 산책했어요. 天気が涼しいので公園を散歩しました。
□□□	시월	10月	우리 형의 생일은 시월 이십삼일이에요. 私の兄の誕生日は10月23日です。
□□□	시작	始まり	이제 시작입니다. これからが始まりです。

□□□	시장	市場	어렸을 때 엄마와 시장에 자주 갔어요. 幼いときお母さんと市場によく行きました。
□□□	시청	市庁	친구의 아빠는 시청 공무원이에요. 友達のお父さんは市役所の公務員です。
□□□	시키다	させる / やらせる	엄마는 동생에게 공부를 시켰어요. お母さんは弟（妹）に勉強をさせました。
□□□	시험	試験	이번 시험에서는 만점을 받고 싶어요. 今度の試験では満点を取りたいです。
□□□	식구	家族	오빠가 결혼을 해서 새 식구가 생겼어요. 兄が結婚して新しい家族ができました。
□□□	식다	冷める / 冷える	식은 커피는 마시고 싶지 않아요. 冷めたコーヒーは飲みたくありません。
□□□	식당	食堂	오늘은 한국 식당에 가서 점심을 먹을 거예요. 今日は韓国食堂に行って昼食を食べるつもりです。
□□□	식빵	食パン	식빵으로 맛있는 피자를 간단하게 만들었어요. 食パンでおいしいピザを簡単に作りました。
□□□	식사	食事	요즘은 혼자 식사하는 사람들이 많아요. 最近は1人で食事をする人が多いです。 1人で食べることを「혼밥」という。

052

□□□	식초	酢	누나는 건강을 위해서 매일 식초를 먹어요. 姉は健康のために毎日お酢を飲んでいます。
□□□	식탁	食卓	우리 식구들은 식탁에서 저녁식사를 해요. 私の家族は食卓で夕食をとります。
□□□	식품	食品	건강을 위해서 여러가지 종류의 식품을 먹어야 합니다. 健康のためにさまざまな種類の食品を食べなければなりません。
□□□	신다	履く	더워서 양말을 신지 않았어요. 暑いので靴下を履いていません。
□□□	신랑	新郎	신랑은 신부에게 행복을 약속했어요. 新郎は新婦に幸せを約束しました。
□□□	신문	新聞	매일 아침에 신문을 읽으면서 출근해요. 毎朝、新聞を読みながら出勤します。
□□□	신발	靴	주말에 새 신발을 샀어요. 週末に新しい靴を買いました。
□□□	신부	新婦	신부는 신랑에게 사랑을 약속했어요. 新婦は新郎に愛を約束しました。
□□□	신분증	身分証	그곳은 신분증이 없으면 들어가지 못 해요. そこは身分証明書がないと入れません。
□□□	신선하다	新鮮だ	신선한 과일로 주스를 만들었어요. 新鮮な果物でジュースを作りました。

□□□	신청하다	申請する / 申し込む	올림픽 봉사를 하고 싶어서 신청했어요. オリンピックボランティアをしたくて申し込みました。
□□□	신호	信号	횡단보도에서는 신호를 잘 보고 건너야 해요. 横断歩道では信号をよく見て渡らなければなりません。
□□□	신호등	信号灯 / 信号機	학교 앞 신호등에서 기다리고 있을게요. 学校の前の信号機で待っています。
□□□	신혼여행	新婚旅行	신랑 신부는 하와이로 신혼여행을 갔어요. 新郎新婦はハワイに新婚旅行に行きました。
□□□	싣다	積む	트럭에 짐을 싣고 이사를 해요. トラックに荷物を積んで引っ越します。
□□□	실례	失礼	실례가 안 되면 저 좀 도와 주시겠어요? 失礼でなければ私をちょっと手伝っていただけますか?
□□□	실수	誤り / 間違い	한 번 실수는 용서할 수 있어요. 1度の間違いは許せます。
□□□	실패	失敗	실패는 성공의 어머니. 失敗は成功の母。
□□□	싫다	嫌だ	그 사람이 싫은 이유는 많이 있어요. その人が嫌いな理由はたくさんあります。

053

□□□	싫어하다	嫌がる / 嫌う	한국사람 중에서 김치를 싫어하는 사람도 많이 있다. 韓国人の中でキムチが嫌いな人もたくさんいる。
□□□	심다	植える	공원에 나무를 심어요. 公園に木を植えます。
□□□	심심하다	退屈だ	심심할 때 뭐 하세요? 退屈なときは何をしますか?
□□□	심하다	激しい / 酷い	두통이 심해서 약을 먹었어요. 頭痛が酷くて薬を飲みました。
□□□	십	10	일본에 온 지 십년이 되었어요. 日本に来て10年になります。
□□□	십만	十万 (100,000)	십만 원만 빌려주시겠어요? 10万ウォンだけ貸していただけますか?
□□□	십이월	12月	십이월 이십오 일은 크리스마스예요. 12月25日はクリスマスです。
□□□	십일월	11月	십일월 십삼 일은 남자친구 생일이에요. 11月13日は彼氏の誕生日です。
□□□	싱겁다	水っぽい / 味が薄い	싱거워서 소금을 더 넣었어요. 味が薄いので塩をもっと入れました。
□□□	싸다	包む	그 여자는 짐을 싸서 나가버렸어요. その女性は荷物を包んで出て行ってしまいました。
□□□	싸다	安い	어디에 가면 싼 물건을 살 수 있어요? どこに行けば安いものが買えますか?

□□□	싸우다	戦う / 争う	정치를 하는 사람들이 싸우고 있는 뉴스를 봤어요. 政治をする人々が争っているニュースを見ました。
□□□	쌀	米	가난한 사람들에게 쌀을 줬어요. 貧しい人々に米をあげました。
□□□	쌀쌀하다	肌寒い / ひんやりしている	그날 밤에는 쌀쌀해서 카디건을 입었어요. その夜は肌寒くてカーディガンを着ました。
□□□	쌓다	積み重ねる / 積む	아이들이 블록을 쌓고 놀고 있어요. 子供たちが積木を積んで遊んでいます。
□□□	썰다	切る / 刻む	무를 썰어서 깍두기를 만들어요. 大根を切ってカクテキを作ります。
□□□	쓰다	書く	그 사람은 글씨를 예쁘게 써요. その人は字をきれいに書きます。
□□□	쓰다	かぶる	모자를 쓴 사람이 한국어 선생님이에요. 帽子をかぶった人が韓国語の先生です。
□□□	쓰다	使う	이것 좀 써도 돼요? これちょっと使ってもいいですか?
□□□	쓰다	苦い	입에 쓴 약이 몸에는 좋아요. 口に苦い薬が体には良いです。
□□□	쓰레기	ゴミ	길에 쓰레기를 버리지 마세요. 道にゴミを捨てないでください。
□□□	쓰레기통	ゴミ箱	쓰레기는 쓰레기통에 버리세요. ゴミはゴミ箱に捨ててください。

054

□□□	씨	～氏 / ～さん	스즈키 씨의 직업은 선생님입니다. 鈴木さんの職業は先生です。 韓国人の間では、名字のみに씨を付けて呼ぶことは失礼な表現にあたるので、ほとんど使われない。ただし、外国人に対して使用する場合は、失礼にあたらない。
□□□	씹다	噛む	그 사람은 껌을 씹으면서 야구를 해요. その人はガムを噛みながら野球をします。
□□□	씻다	洗う	식사를 하기 전에 손을 씻어요. 食事をする前に手を洗います。

ㅇ

□□□	아	ああ / おお	아아、그렇군요. ああ、そうですね。
□□□	아가씨	お嬢さん	예쁜 아가씨가 커피를 마시고 있어요. きれいなお嬢さんがコーヒーを飲んでいます。
□□□	아기	赤ちゃん / 赤ん坊	아기의 얼굴이 귀여워요. 赤ちゃんの顔がかわいいです。
□□□	아까	先ほど / さっき	아까 친구하고 밥을 먹었어요. さっき友達とご飯を食べました。
□□□	아나운서	アナウンサー	제 친구의 직업은 아나운서예요. 私の友達の職業はアナウンサーです。
□□□	아내	家内 / 妻	우리 아내는 요리를 잘 합니다. 私の妻は料理が上手です。
□□□	아니다	違う / 〜ではない	내가 한 말의 의미는 그게 아니에요. 私が言った言葉の意味はそれではありません。
□□□	아니요	違います / いいえ	아니요. 저는 일본사람이에요. いいえ。私は日本人です。
□□□	아들	息子	언니의 아들은 올해 군대에 갔어요. 姉の息子は今年軍隊に行きました。
□□□	아래	下	내 가방은 책상 아래에 있어요. 私のかばんは机の下にあります。

056

□□□	아래쪽	下側 / 下の方	우리 학교 아래쪽에 카페가 있어요. 私の学校の下の方にカフェがあります。
□□□	아르바이트	アルバイト	새로운 아르바이트를 구하고 싶어요. 新しいアルバイトを探したいです。
□□□	아름답다	美しい / きれいだ	우리 엄마는 세상에서 제일 아름답습니다. 私のお母さんは世界でいちばん美しいです。
□□□	아마	たぶん / おそらく	아마 오늘 저녁에는 비가 올 것입니다. たぶん今晩は雨が降るでしょう。
□□□	아무	何 / 誰	아무도 없는 곳에서 공부를 하고 싶어요. 誰もいないところで勉強をしたいです。
□□□	아무것	何も / 何でも	아무것이나 괜찮으니까 빨리 주세요. 何でもいいから早くください。
□□□	아무리	どんなに / いくら	아무리 그래도 그런 말은 하면 안 돼! いくらなんでもそんなこと言ってはいけない!
□□□	아버님	お父様	남자친구의 아버님과 식사를 했어요. 彼氏のお父様と食事をしました。
□□□	아버지	父 / お父さん	아버지는 지금 어디에 계세요? お父さんは今どこにいますか?
□□□	아빠	パパ / 父さん	오빠는 아빠가 되었어요. 兄はパパになりました。

□□□	아이	子供 / 子	친구에게는 아이가 둘 있어요. 友達には子供が2人います。
□□□	아이스크림	アイスクリーム	아이스크림 중에서 바닐라 맛을 제일 좋아해요. アイクリームの中でバニラ味がいちばん好きです。
□□□	아저씨	おじさん	아저씨는 어디에 가셨어요? おじさんはどこへ行きましたか?
□□□	아주	とても / たいへん	딸기를 아주 많이 먹을 수 있어요. いちごをとてもたくさん食べられます。
□□□	아주머니	おばさん	아주머니가 맛있는 것을 만들어 주셨어요. おばさんがおいしいものを作ってくれました。
□□□	아줌마	おばさん	아줌마, 여기 김치 좀 더 주세요. おばさん、ここにキムチをもう少しください。
□□□	아직	まだ / いまだに	저는 할 일이 있어서 아직 집에 갈 수 없어요. 私はやることがあってまだ家に帰れません。
□□□	아침	朝	아침에 선생님을 만났어요. 朝、先生に会いました。
□□□	아파트	マンション / アパート	제 친구는 아파트에 살고 있어요. 私の友達はアパートに住んでいます。 韓国の「아파트」は日本の「マンション」に近い。
□□□	아프다	痛い / 体の具合が悪い	배가 아파서 학교에 못 갔어요. おなかが痛くて学校に行けませんでした。

057

□□□	아홉	9	이번 달에는 수영장에 아홉 번 갔어요. 今月はプールに9回行きました。
□□□	아흔	90	할머니는 아흔 살이세요. おばあさんは90歳です。 「(이)세요」は「でいらっしゃいます」の意味。
□□□	악기	楽器	연주 할 수 있는 악기가 있어요? 演奏できる楽器がありますか?
□□□	안	中 / 内部 / 内	너무 추워서 방 안에서만 있었어요. とても寒いので部屋の中だけにいました。
□□□	안	～しない / ～くない	가끔 청소를 안 할 때가 있어요. たまに掃除をしないときがあります。
□□□	안개	もや / 霧	안개가 끼어서 운전할 수 없어요. 霧が立ち込めて運転できません。
□□□	안경	眼鏡	저는 중학교 때 안경을 썼어요. 私は中学生のときに眼鏡をかけました。
□□□	안내하다	案内する	제가 도쿄를 안내해 드리겠습니다. 私が東京をご案内いたします。
□□□	안내문	案内文	그곳에는 출입금지라는 안내문이 있었어요. そこには立ち入り禁止という案内文がありました。
□□□	안녕	安寧	친구야! 안녕. 友よ! こんにちは。

□□□	안녕히	安寧に	안녕히 계세요. さようなら（安寧にいらっしゃってください）。 「안녕히 계세요」は別れる際に、去っていく人がその場に残っている人に対していう挨拶。その反対は「안녕히 가세요」。
□□□	안다	抱く／抱える／抱きしめる	아기가 울어서 안아 주었어요. 赤ちゃんが泣いたので抱いてあげました。
□□□	안되다	うまくいかない／できない	공부가 안될 때는 공원을 산책해요. 勉強ができないときは公園を散歩します。
□□□	안전	安全	여행을 갈 때에는 안전을 먼저 생각하세요. 旅行に行くときは安全を第一に考えてください。
□□□	안쪽	内側	문을 안쪽에서 잠그세요. ドアを内側から閉めてください。
□□□	앉다	座る	의자에 앉아서 공부를 하고 있는 사람은 누구예요? 椅子に座って勉強をしている人は誰ですか？
□□□	알다	知る	나는 그 사람을 알아요. 私はその人を知っています。
□□□	알리다	知らせる／教える	결혼식 날짜를 알려 주세요. 結婚式の日にちを教えてください。
□□□	알맞다	適当だ／適する	다음 질문에 알맞은 답을 고르세요. 次の質問に適した答えを選んでください。
□□□	알아보다	調べる／調べてみる	그 일은 자기 자신이 알아보세요. そのことは自分自身で調べてみてください。

058

□□□	앞	前	내 친구는 학교 앞에서 기다리고 있습니다. 私の友達は学校の前で待っています。
□□□	앞쪽	前側 / 先方	그 건물 앞쪽에 커피숍이 있습니다. その建物の先方にコーヒーショップがあります。
□□□	애	子供 / 子 (아이の縮約形)	그 애는 내 친구입니다. その子は私の友達です。
□□□	애인	恋人	애인 있어요? 恋人いますか?
□□□	앨범	アルバム	앨범을 보면서 그 친구를 생각해요. アルバムを見ながらその友達を思い出します。
□□□	야	おや / おい	야, 뭐 해? おい､何してるんだ?
□□□	야구	野球	오타니 쇼헤이는 프로 야구 선수예요. 大谷翔平はプロ野球選手です。
□□□	야채	野菜	동생은 야채를 싫어해요. 弟(妹)は野菜が嫌いです。
□□□	약	約～	나는 그 친구를 약 한 시간 동안 기다렸어요. 私はその友達を約1時間待ちました。
□□□	약	薬	우리 엄마는 매일 약을 드십니다. 私のお母さんは毎日薬を飲みます。 「드시다 召し上がる」は「먹다/마시다」の敬語。

□□□	약간	若干 / いくらか	이 옷은 약간 크지만 예뻐서 샀습니다. この服は少し大きいですがきれいなので買いました。
□□□	약국	薬局	우리 학교 근처에는 약국이 많이 있어요. 私たちの学校の近くには薬局がたくさんあります。
□□□	약사	薬剤師	초등학생 때 제 꿈은 약사였어요. 小学生のとき私の夢は薬剤師でした。
□□□	약속	約束	그 사람은 약속을 지키지 않아요. その人は約束を守りません。
□□□	약하다	弱い	저는 몸이 약해요. 私は体が弱いです。
□□□	얇다	薄い	얇은 옷을 입어서 추워요. 薄い服を着たので寒いです。
□□□	양말	靴下	보라색 양말을 신었어요. 紫色の靴下を履きました。
□□□	양복	スーツ	아버지 양복을 지금은 형이 입고 있어요. お父さんのスーツを今はお兄さんが着ています。
□□□	양식	洋食	저는 양식보다 한식을 더 좋아해요. 私は洋食より韓国料理のほうが好きです。
□□□	양식집	洋食屋	옛날에는 양식집에서 데이트를 했어요. 昔は洋食屋でデートをしていました。

059

□□□	양치질	歯磨き	하루에 양치질을 몇 번 하세요? 1日に歯磨きを何回しますか?
□□□	얘기	話 （이야기の 縮約形）	할머니께서 옛날 얘기를 해 주셨어요. おばあさんが昔の話をしてくれました。
□□□	어	まあ / あれえ	어, 이게 뭐야? あれ、これは何?
□□□	어깨	肩	아버지의 어깨를 마사지했어요. 父の肩をマッサージしました。
□□□	어느	どの / 何	그 사람은 어느 나라 사람이에요? その人はどこの国の人ですか?
□□□	어둡다	暗い	교실이 너무 어두워요. 教室が暗すぎます。
□□□	어디	どこ	거기가 어디예요? そこはどこですか?
□□□	어떠하다	どういうふうだ / どんなだ	이 방에는 어떠한 가구가 좋을까요? この部屋にはどんな家具がいいでしょうか?
□□□	어떤	どうだ / どんなふうに	어떤 사람과 결혼하고 싶어요? どんな人と結婚したいですか?
□□□	어떻다	どうだ	김치 맛이 어떻습니까? キムチの味はどうですか? ㅎ不規則。「어때요? どうですか」。
□□□	어렵다	難しい	이 문제는 너무 어렵습니다. この問題はとても難しいです。

□□□	어른	大人	빨리 어른이 되고 싶어요. 早く大人になりたいです。
□□□	어리다	幼い / 年下	누나는 누나보다 더 어린 남자와 결혼했어요. 姉は姉よりも年下の男と結婚しています。
□□□	어린이	子供	이곳은 어린이 보호구역입니다. ここは子供保護区域です。
□□□	어머니	母 / お母さん	어머니는 지금 회사에 계세요. お母さんは今会社にいます。
□□□	어머님	お母様	친구의 어머님께서 맛있는 요리를 만들어 주셨습니다. 友達のお母様がおいしい料理を作ってくださいました。 「께서」は「가/이」の敬語。
□□□	어서	早く / さあ / どうぞ	어서 오세요. いらっしゃいませ。
□□□	어울리다	似合う / ふさわしい	그 옷, 정말 잘 어울려요! その服、本当によく似合います！
□□□	어제	昨日	어제 뭐 하셨어요? 昨日何をされましたか？
□□□	어젯밤	昨夜	어젯밤에 친구랑 전화했어요. 昨夜友達と電話しました。
□□□	억	億 （100,000,000）	일억 원을 저금하고 싶어요. 1億ウォンを貯金したいです。
□□□	언니	お姉さん （妹からの 呼称）	언니가 몇 명 있어요? お姉さんが何人いますか？

060

□□□	언어	言語	몇 나라 언어를 말할 수 있어요? 何か国の言語が話せますか?
□□□	언제	いつ	생일이 언제예요? お誕生日はいつですか?
□□□	언제나	いつも	저는 언제나 그 식당에서 점심을 먹어요. 私はいつもその食堂で昼食を食べます。
□□□	얻다	得る / もらう	어제 친구한테서 삼겹살을 얻어 먹었어요. 昨日友達からサムギョプサルをおごってもらいました。 「얻어 먹다」は「おごってもらう」の意味。
□□□	얼굴	顔	동생은 얼굴이 예쁜 여자하고 결혼했어요. 弟は顔がきれいな女性と結婚しました。
□□□	얼다	凍る	날씨가 너무 추워서 길이 얼었어요. とても寒くて道が凍りました。
□□□	얼마	いくら	이거 얼마예요? これいくらですか?
□□□	얼마나	いくらぐらい / どれぐらい	이 학교에 입학하기 전에 한국어 공부를 얼마나 했어요? この学校に入学する前に韓国語の勉強をどれくらいしましたか?
□□□	얼음	氷	봄이 오면 얼음이 녹을 거예요. 春が来たら氷が溶けるでしょう。
□□□	엄마	ママ / お母さん	언니는 엄마가 되었어요. 姉はママになりました。

□□□	없다	存在しない / いない	냉장고에 김치가 없어요. 冷蔵庫にキムチがありません。
□□□	엉덩이	お尻	엉덩이에 주사를 맞았어요. お尻に注射を打たれました。
□□□	에어컨	エアコン	너무 더워서 에어컨을 강하게 켰어요. とても暑いのでエアコンを強くしました。
□□□	엘리베이터	エレベーター	저는 엘리베이터를 타지 않고 계단을 이용해요. 私はエレベーターに乗らずに階段を利用します。
□□□	여권	パスポート	외국에 가려면 먼저 여권을 만드세요. 外国に行くにはまずパスポートを作ってください。 「-(으)려면」は「～するには」の意味。「-가려면 行くには」、「-먹으려면 食べるには」。
□□□	여기	ここ / こちら	여기가 명동이에요? ここが明洞ですか?
□□□	여기저기	あちこち	여기저기 많이 돌아다녀서 다리가 많이 아파요. あちこちたくさん歩き回って足がとても痛いです。
□□□	여덟	8つ / 8	저는 오키나와에 여덟 번이나 갔어요. 私は沖縄に8回も行きました。
□□□	여동생	妹	여동생이 있어요? 妹さんがいますか?

061

□□□	여든	80	할아버지는 여든에 돌아가셨어요. おじいさんは80歳で亡くなりました。
□□□	여러	さまざまな / いろんな	우리 학교에는 여러 나라에서 온 학생들이 많이 있어요. 私たちの学校にはいろんな国から来た学生がたくさんいます。
□□□	여러분	皆さま / 皆さん	여러분 안녕하십니까? 皆さま、こんにちは。
□□□	여름	夏	여름에 삼계탕을 먹으면 힘이 나요. 夏にサムゲタンを食べると元気が出ます。
□□□	여보세요	もしもし	여보세요. 거기 김철수 씨 댁 맞아요? もしもし。キム·チョルスさんのお宅ですか?
□□□	여섯	6つ / 6	친구가 여섯 명 있어요. 友達が6人います。
□□□	여성	女性	여성은 남성과 평등한 대우를 받아야 합니다. 女性は男性と平等に扱われるべきです。
□□□	여자	女子	저는 여자 중학교를 다녔어요. 私は女子中学校に通っていました。
□□□	여쭙다	伺う	부모님께 여쭤 보고 결정하겠습니다. 両親に聞いてみてから決めます。 「께」は「에게/한테」の敬語。
□□□	여학생	女子学生	여학생들은 한국 화장품을 좋아합니다. 女子学生たちは韓国の化粧品が好きです。

□□□	여행	旅行	제 취미는 여행입니다. 私の趣味は旅行です。
□□□	여행사	旅行会社	졸업한 후에 여행사에서 일하고 싶습니다. 卒業したあと旅行会社で働きたいです。
□□□	여행지	旅行先 / 観光地	제주도에 있는 여행지 중에서 성산 일출봉을 추천합니다. 済州島にある観光地の中では城山日出峰がおすすめです。
□□□	역	駅	우리 집에서 가장 가까운 역은 서울역입니다. 我が家の最寄り駅はソウル駅です。
□□□	역사	歴史	교토를 여행하면서 역사 공부를 하는 사람들을 봤어요. 京都を旅行しながら歴史の勉強をしている人たちを見ました。
□□□	역시	やはり / やっぱり	역시 너밖에 없어! やっぱり君しかいない!
□□□	연결	連結 / 繋がり	산 정상에서는 전화 연결이 안 됩니다. 山頂では電話が繋がりません。 「연결이 안 되다」は「繋がらない」の意味。
□□□	연극	演劇 / 芝居	딸하고 연극을 보러 갔어요. 娘と芝居を見に行きました。
□□□	연락	連絡	그 사람의 연락을 기다리고 있어요. その人からの連絡を待っています。
□□□	연락처	連絡先	연락처 좀 가르쳐 주시겠습니까? 連絡先を教えていただけますか?

062

□□□	연말	年末	이번 연말에는 홋카이도에 갈 거예요. 今年の年末には北海道に行く予定です。
□□□	연세	お年	연세가 어떻게 되세요? おいくつでいらっしゃいますか? 初対面の方に年齢を聞く際に使う決まり文句。
□□□	연습	練習	내일 테니스 대회가 있어요. 연습 많이 했어요? 明日テニス大会があります。たくさん練習しましたか?
□□□	연예인	芸能人	제 꿈은 연예인이 되는 것입니다. 私の夢は芸能人になることです。
□□□	연필	鉛筆	저는 샤프보다 연필을 더 좋아해요. 私はシャープペンより鉛筆のほうが好きです。
□□□	연휴	連休	연휴 때 계획 있으세요? 連休の計画はありますか?
□□□	열	10	동생은 열 살이에요. 弟(妹)は10歳です。
□□□	열	熱	감기에 걸려서 열이 많이 났어요. 風邪を引いて熱がたくさん出ました。 「열이 나다」は「熱が出る」の意味。
□□□	열다	開く	문 좀 열어주세요. ドアを開けてください。
□□□	열리다	開かれる / 開く	자동문이 열렸어요. 自動ドアが開きました。

□□□	열쇠	鍵	집 열쇠를 잃어버렸어요. 家の鍵をなくしました。
□□□	열심히	熱心に / 一生懸命	열심히 공부해서 시험에 합격하고 싶어요. 一生懸命勉強して試験に合格したいです。
□□□	열차	列車	열차를 타고 부산까지 갔어요. 列車に乗って釜山まで行きました。
□□□	열흘	10日	그 사람과 열흘 동안 같이 있었어요. その人と10日間一緒にいました。
□□□	엽서	葉書	조카가 런던에서 엽서를 보내왔어요. 甥(姪)がロンドンから葉書を送ってきました。
□□□	영	零 / 0	내 전화번호는 영일이삼사오육칠번이에요. 私の電話番号は01234567番です。
□□□	영국	イギリス	영국에 가 본 적 있어요? イギリスに行ったことがありますか?
□□□	영수증	領収証	영수증이 없으면 바꿀 수 없어요. 領収証がないと交換できません。
□□□	영어	英語	영어보다 한국어가 더 쉬어요. 英語より韓国語のほうがより易しいです。
□□□	영하	零下	서울은 오늘 영하 십팔 도예요. ソウルは今日零下18度です。
□□□	영화	映画	그 사람은 매주 영화를 봐요. その人は毎週映画を観ます。

063

□□□	영화관	映画館	이번 주 토요일에 친구랑 영화관에서 만날 거예요. 今週の土曜日に友達と映画館で会うつもりです。
□□□	영화배우	映画俳優	영화배우 중에서 누구를 제일 좋아해요? 映画俳優の中で誰がいちばん好きですか?
□□□	옆	隣	그 사람 옆에 앉아서 이야기했어요. その人の隣に座って話しました。
□□□	옆집	隣の家	옆집에 살고 있는 사람은 미국사람이에요. 隣の家に住んでいる人はアメリカ人です。
□□□	예	はい / ええ	한국사람이에요? - 예, 저는 한국사람이에요. 韓国人ですか? - はい、私は韓国人です。
□□□	예매하다	前もって買う	콘서트 티켓을 예매했어요. コンサートのチケットを事前に購入しました。
□□□	예쁘다	かわいい / きれいだ	얼굴이 예쁜 사람은 마음도 예뻐요? 顔がきれいな人は心もきれいですか?
□□□	예순	60	그 작가는 예순에 돌아가셨어요. その作家は60歳にお亡くなりになりました。 「돌아가시다 お亡くなりになる」は「죽다 死ぬ」の敬語。
□□□	예술	芸術	예술은 잘 몰라요. 芸術はよくわかりません。

□□□	예습	予習	이 부분은 조금 어려우니까 미리 예습을 해 두세요. この部分は少し難しいので、あらかじめ予習をしておいてください。
□□□	예약	予約	호텔 예약도 안 하고 여행을 갔어요. ホテルの予約もしないで旅行に行きました。
□□□	옛	昔の～	명동에서 옛 남자친구를 만나서 깜짝 놀랐어요. 明洞で昔の彼氏に会ってびっくりしました。
□□□	옛날	昔 / 過ぎ去った日	요즘 옛날 노래가 다시 유행하고 있어요. 最近昔の歌がまたはやっています。
□□□	오	5	그 레스토랑은 오 층에 있어요. そのレストランは5階にあります。
□□□	오늘	今日	오늘 시간 있으면 저녁식사 같이 할까요? 今日時間があれば夕食を一緒に食べましょうか?
□□□	오다	来る	아버지는 밤 열한 시에 오셨어요. お父さんは夜11時に帰ってきました。 韓国語にも「돌아오다 帰ってくる」のような表現があるが、「来る」に直接対応する「오다」のほうがよく使われる。
□□□	오래	長く / 永らく / 久しく	남자친구랑 오래 사귀고 싶어요. 彼氏と長く付き合いたいです。
□□□	오래간만	久しぶり	오래간만에 많이 자서 기분이 좋아요. 久しぶりにたくさん寝て気分がいいです。

064

□□□	오래되다	時間が長くたっている / 古くなっている	오래된 집을 샀어요. 古い家を買いました。
□□□	오랜만	久しぶり（오래간만の短縮系）	우리 오랜만에 한잔할까요? 久しぶりに一杯やりましょうか？
□□□	오랫동안	長い間	그 친구랑 오랫동안 사귀었는데 아직 모르는 것이 많아요. その友達と長い間付き合ったのにまだわからないことが多いです。
□□□	오렌지	オレンジ	오렌지 주스를 마시고 싶어요. オレンジジュースが飲みたいです。
□□□	오르다	上がる / 登る	산 정상에 오르면 기분이 좋아요. 山頂に登ると気分がいいです。
□□□	오른손	右手	저는 오른손으로 글씨를 써요. 私は右手で字を書きます。
□□□	오른쪽	右側	우리집 오른쪽에 편의점이 있어요. 我が家の右側にコンビニがあります。
□□□	오빠	兄	저에게는 오빠가 셋이나 있어요. 私には兄が3人もいます。
□□□	오십	50	아버지하고 어머니는 오십 년 동안 결혼생활을 하셨습니다. 父と母は50年間結婚生活をしました。
□□□	오월	5月	오월에는 휴일이 많이 있어서 너무 좋아요. 5月には休日がたくさんあってとてもいいです。

□□□	오이	キュウリ	배추김치보다 오이김치를 더 좋아해요. 白菜キムチよりキュウリキムチのほうが好きです。
□□□	오전	午前	일요일 오전에는 공원에서 운동을 합니다. 日曜日の午前には公園で運動をします。
□□□	오후	午後	토요일 오후에는 친구들하고 쇼핑을 했습니다. 土曜日の午後には友人たちと買い物をしました。
□□□	온도	温度	실내 온도가 너무 높아요. 室内温度が高すぎます。
□□□	올라가다	登る / 上がる	한라산 정상에 올라가서 아름다운 풍경을 봤습니다. 漢拏山の頂上に登って美しい風景を見ました。
□□□	올라오다	上がってくる	제 오피스는 삼 층에 있으니까 한 층 더 올라오세요. 私のオフィスは3階にあるので、もう1階上がってきてください
□□□	올리다	上げる / 引き上げる	정부는 소비세를 올렸습니다. 政府は消費税を引き上げました。
□□□	올림	拝	선생님께 쓴 편지 마지막에 '임세연 올림' 이라고 썼어요. 手紙の最後の名前のあとに「林世涓拝」と書きます。
□□□	올림픽	オリンピック	천구백팔십팔 년에 서울에서 올림픽이 있었습니다. 1988年にソウルでオリンピックがありました。

065

□ □ □	올해	今年	올해 십일월에 시험이 있어요. 今年の11月に試験があります。
□ □ □	옳다	正しい	그 사람 생각이 옳아요. その人の考えが正しいです。
□ □ □	옷	衣服	그 친구는 매일 예쁜 옷을 입고 학교에 와요. その友達は毎日きれいな服を着て学校に来ます。
□ □ □	옷걸이	ハンガー	코트는 옷걸이에 걸어 주세요. コートはハンガーにかけてください。
□ □ □	옷장	たんす/ クローゼット	오늘은 옷장 정리를 하려고 해요. 今日はクローゼットの整理をしようと思います。
□ □ □	와	わあ	와, 정말 반가워요! わあ、本当に(会えて)うれしいです!
□ □ □	와이셔츠	ワイシャツ	아버지는 하얀색 와이셔츠를 좋아하세요. 父は白いワイシャツが好きです。
□ □ □	완전히	完全に	한국어를 완전히 마스터하고 싶어요. 韓国語を完全にマスターしたいです。
□ □ □	왕	王	세종대왕은 한글을 만든 조선시대 왕입니다. 世宗大王はハングルを作った朝鮮時代の王です。
□ □ □	왜	なぜ	왜 한국어를 공부하십니까? なぜ韓国語を勉強するのですか?

□□□	왜냐하면	なぜなら	왜냐하면 좋아하는 아이돌이랑 한국어로 이야기하고 싶어서요. なぜなら好きなアイドルと韓国語で話したいからです。
□□□	외국	外国	저는 결혼해서 외국에서 살고 싶어요. 私は結婚して外国で暮らしたいです。
□□□	외국어	外国語	제 취미는 외국어를 배우는 것이에요. 私の趣味は外国語を学ぶことです。
□□□	외국인	外国人	외국인을 만나면 긴장을 해요. 外国人に会うと緊張します。
□□□	외롭다	寂しい	가을이 되면 외로워요. 秋になると寂しいです。
□□□	외우다	覚える	외국어를 잘 하려면 단어를 많이 외워야 해요. 外国語が上手になるためには単語をたくさん覚えなければなりません。
□□□	외출하다	外出する / 出かける	매주 일요일에 외출해요. 毎週日曜日に出かけます。
□□□	왼손	左手	저는 왼손으로 글씨를 못 써요. 私は左手で字を書けません。
□□□	왼쪽	左側	학교 왼쪽에 커피숍이 있어요. 学校の左側にコーヒーショップがあります。
□□□	요금	料金	제 친구는 아르바이트해서 전화 요금을 낸다고 했어요. 私の友達はアルバイトをして電話料金を払うと言いました。 「ㄴ(는)다고 했어요」は「～と言いました」という意味。

066

□□□	요리	料理	엄마는 요리를 잘 하세요. お母さんは料理が上手です。
□□□	요리사	料理人 / 調理師	유명한 요리사가 나오는 방송을 봤어요. 有名な調理師が出る放送を見ました。
□□□	요일	曜日	무슨 요일에 쇼핑갈까요? 何曜日に買い物に行きましょうか?
□□□	요즘	最近	요즘은 일주일에 한 번 정도 한국 드라마를 봐요. 最近は1週間に1度くらい韓国ドラマを見ます。
□□□	우동	うどん	한국에도 우동이 있어요. 韓国にもうどんがあります。
□□□	우리	我々 / 私たち	우리 아빠는 우리 가족을 위해서 일을 열심히 하세요. 私のお父さんは私たち家族のために仕事を一生懸命します。
□□□	우리나라	我が国 / 韓国	우리나라의 수도는 서울이에요. 韓国の首都はソウルです。
□□□	우산	傘	도쿄에서는 매일 우산을 가지고 다녀요. 東京では毎日傘を持ち歩いています。
□□□	우선	まず / 最初に	일을 시작하기 전에 우선, 순서를 정했어요. 仕事を始める前に、まず順番を決めました。
□□□	우유	牛乳	우유를 하루에 몇 잔 먹어요? 牛乳を1日に何杯飲みますか?

□□□	우체국	郵便局	우리 집 근처에는 우체국이 없어요. 我が家の近くには郵便局がありません。
□□□	우표	切手	우체국에서 우표를 샀어요. 郵便局で切手を買いました。
□□□	운동	運動	매일 운동을 하지 않으면 식욕이 없어요. 毎日運動をしないと食欲がでません。
□□□	운동복	運動着	운동회가 있어서 운동복을 샀어요. 運動会があるので運動着を買いました。
□□□	운동장	運動場	매일 밤에 학교 운동장에서 운동을 하고 있어요. 毎晩学校の運動場で運動をしています。
□□□	운동화	運動靴	한국에서는 스니커즈를 '운동화'라고 해요. 韓国ではスニーカーのことを「ウンドンファ」といいます。
□□□	운전하다	運転する	서울에서 운전해 본 적 있어요? ソウルで運転したことがありますか?
□□□	운전사	運転手	친구는 트럭 운전사가 되고 싶다고 했어요. 友達はトラックの運転手になりたいと言いました。
□□□	울다	泣く	아기가 울어서 잠을 못 잤어요. 赤ちゃんが泣いて眠れませんでした。
□□□	울산	蔚山(ウルサン、都市の名前)	제 친구는 울산에 살고 있어요. 私の友達は蔚山に住んでいます。

067

□□□	울음	泣くこと	엄마는 웃으면서, 내가 아기 때 울음 소리가 커서 시끄러웠다고 했어요. お母さんは笑いながら、私が赤ちゃんのとき泣き声が大きくてうるさかったと言いました。
□□□	움직이다	動く / 動かす	아침에 일어나서 몸을 천천히 움직이면서 운동을 시작했어요. 朝起きて体をゆっくり動かしながら運動を始めました。
□□□	웃다	笑う	친구의 웃는 얼굴을 보면 행복해요. 友達の笑顔を見ると幸せです。
□□□	웃음	笑うこと / 笑い	웃음은 건강에 좋아요. 笑いは健康に良いです。
□□□	원	ウォン	이 옷은 삼만 원에 샀어요. この服は3万ウォンで買いました。
□□□	원피스	ワンピース	나는 매일 원피스를 입어요. 私は毎日ワンピースを着ます。
□□□	원하다	望む	생일 선물은 내가 원하는 것을 받고 싶어요. 誕生日プレゼントは私がほしいものをもらいたいです。
□□□	월	～月	생일은 몇 월 며칠이에요? 誕生日は何月何日ですか?
□□□	월급	月給 / 給料	월급을 받으면 뭐 살 거예요? 給料をもらったら何を買うつもりですか?
□□□	월요일	月曜日	매주 월요일에는 회의가 있어요. 毎週月曜日には会議があります。

□□□	위	上	내 책상 위는 항상 깨끗해요. 私の机の上はいつもきれいです。
□□□	위쪽	上のほう	당신의 머리 위쪽을 좀 봐 주세요. あなたの頭の上のほうをちょっと見てください。
□□□	위치	位置	책상 위치를 바꾸고 싶으니까 도와주세요. 机の位置を変えたいので手伝ってください。
□□□	위험하다	危険だ	높은 곳에서 노는 것은 위험해요. 高い場所で遊ぶのは危険です。
□□□	유리	ガラス	맥주는 유리 컵에 마시는 것이 좋아요. ビールはガラスのコップで飲むのがいいです。
□□□	유명	有名	요즘 한국 가수 중에서 누가 제일 유명해요? 最近の韓国の歌手の中で誰がいちばん有名ですか?
□□□	유월	6月	'육월'이 아니라 '유월'이에요. (6月は)「육월」じゃなくて「유월」です。
□□□	유치원	幼稚園	유치원 때 친구를 지금도 만나고 있어요. 幼稚園のときの友達に今も会っています。
□□□	유학	留学	기회가 되면 꼭 유학을 가고 싶어요. 機会があればぜひ留学に行きたいです。
□□□	유학생	留学生	유학생에게는 장학금을 줘요. 留学生には奨学金を与えます。

068

□□□	유행	流行	요즘은 빨간색 립스틱이 유행이에요. 最近は赤い口紅がはやっています。
□□□	육	6	그 교실은 육 층에 있어요. その教室は6階にあります。
□□□	육교	歩道橋	위험하니까 육교로 가세요. 危ないから歩道橋を渡ってください。
□□□	육십	60	그 빌딩 육십 층에 레스토랑이 있어요. そのビルの60階にレストランがあります。
□□□	윷놀이	ユンノリ（韓国の双六遊び）	한국어과 수업에서 윷놀이를 했어요. 韓国語科の授業でユンノリをしました。
□□□	은행	銀行	선배는 은행에서 근무하고 있어요. 先輩は銀行で勤務しています。
□□□	음료	飲料	추우니까 따뜻한 음료를 마십시다. 寒いから温かい飲み物を飲みましょう。
□□□	음료수	飲料水	운동할 때는 음료수를 가지고 오세요. 運動するときは飲料水を持ってきてください。
□□□	음식	飲食 / 食べ物	도서관에서는 음식을 먹을 수 없어요. 図書館では飲食はできません。
□□□	음식점	飲食店 / 食堂	우리 학교 근처에는 음식점이 많이 있어요. 私の学校の近くには食堂がたくさんあります。

☐☐☐	음악	音楽	요즘 무슨 음악을 들으세요? 最近どんな音楽を聴いていらっしゃいますか?
☐☐☐	음악가	音楽家	음악가 중에서 모짜르트를 제일 좋아해요. 音楽家の中でモーツァルトがいちばん好きです。
☐☐☐	의미	意味	그 단어의 의미를 가르쳐 주세요. その単語の意味を教えてください。
☐☐☐	의사	医者	그 병원 의사는 매우 친절해요. その病院の医者はとても親切です。
☐☐☐	의자	椅子	의자가 너무 높아서 불편해요. 椅子がすごく高くて不便です。
☐☐☐	이	歯	저는 이를 하루에 세 번정도 닦아요. 私は歯を1日に3回くらい磨きます。
☐☐☐	이	この	이 가방은 이탈리아에서 샀어요. このかばんはイタリアで買いました。
☐☐☐	이	2	아버지 회사는 이 건물 이 층에 있어요. 父の会社はこの建物の2階にあります。
☐☐☐	이거	これ	이거 드리고 싶어요. これ差し上げたいです。
☐☐☐	이것	これ	이것은 뭐예요? これは何ですか?
☐☐☐	이곳	ここ	화장품은 이곳에서 살 수 있어요. 化粧品はここで買えます。

069

□□□	이기다	勝つ	어제 야구경기는 일본이 미국한테 이겼어요. 昨日の野球の試合は日本がアメリカに勝ちました。
□□□	이날	この日	이날은 저에게 중요한 날이에요. この日は私にとって重要な日です。
□□□	이다	～である / ～だ	요즘 여기가 인기 있는 곳이다. 最近ここが人気のある場所である。 このような場所を流行り言葉で「핫플(핫 플레이스 ホットプレイス)」という。
□□□	이따가	のちほど / あとで	그럼, 이따가 만나요. では、あとで会いましょう。
□□□	이때	このとき	이때를 놓치면 공부할 시간이 없어요. このときを逃すと勉強する時間がありません。
□□□	이런	このような / こんな	이런 일은 남자가 해 주세요. こんなことは男がしてください。
□□□	이렇다	こうだ	이렇게 해 보세요. こうしてみてください。
□□□	이르다	早い	엄마는 이른 아침부터 일을 하세요. お母さんは早朝から仕事をします。
□□□	이름	名前	그 사람은 저의 이름을 물었어요. その人は私の名前を聞きました。
□□□	이마	おでこ	이마가 넓은 사람을 좋아해요. おでこの広い人が好きです。

□□□	이모	母の姉妹（伯母 / 叔母）	엄마의 여동생이나 언니를 '이모'라고 해요. お母さんの妹や姉のことを「イモ」といいます。
□□□	이미	すでに	그 일은 사장님이 이미 끝내셨어요. その仕事は社長がすでに終えました。
□□□	이번	今度 / 今回	이번 주 금요일에 시험이 있어요. 今週の金曜日に試験があります。
□□□	이분	この方	이분은 제가 제일 존경하는 사람이에요. この方は私がいちばん尊敬する人です。
□□□	이불	掛け布団	가벼운 이불을 좋아해요? 무거운 이불을 좋아해요? 軽い布団が好きですか？ 重い布団が好きですか？
□□□	이사	引っ越し	제 친구는 이사를 많이 했어요. 私の友達はたくさん引っ越しをしました。
□□□	이삿짐	引っ越しの荷物	이삿짐이 많아서 시간이 많이 걸려요. 引っ越しの荷物が多くて時間がたくさんかかります。
□□□	이상	～以上	저는 여자친구를 한 시간 이상 기다렸어요. 私は彼女を1時間以上待ちました。
□□□	이상하다	異常だ / 変だ	이상한 사람이 저를 따라와요. 変な人が私についてきます。
□□□	이십	20	우리 집은 그 아파트 이십 층에 있어요. 我が家はそのアパートの20階にあります。

070

□□□	이야기	話	재미있는 이야기를 해 주세요. おもしろい話をしてください。
□□□	이용	利用	선생님은 어느 역을 이용하세요? 先生はどの駅を利用されますか?
□□□	이웃	近所 / 隣家	이웃 아주머니랑 친해요. 隣のおばさんと親しいです。
□□□	이월	2月	이월에는 삿포로 눈축제가 있어요. 2月には札幌雪祭りがあります。
□□□	이유	理由	사람을 사랑하는 데 이유가 필요합니까? 人を愛することに理由が必要ですか?
□□□	이전	以前	아버지는 한국 전쟁 이전에 태어나셨습니다. お父さんは朝鮮戦争以前に生まれました。
□□□	이제	今	이제부터 한국어로 말하세요. これから韓国語で話してください。
□□□	이쪽	こっち / こちら	이쪽으로 가면 학교가 있어요. こちらに行くと学校があります。
□□□	이틀	2日間	이틀 후에 서울에 갈 거예요. 2日あとにソウルに行きます。
□□□	이해	理解	이해가 안 되면 질문하세요. 理解できなかったら質問してください。
□□□	이후	以降	교통사고 이후에는 쉬는 것이 좋아요. 交通事故のあとは休んだほうがいいです。

□□□	익다	実る / 熟す	가을에는 과일이 모두 익어서 아주 달아요. 秋には果物が熟してとても甘いです。
□□□	익숙하다	慣れている	이제 한국 문화에 익숙해요. すでに韓国文化に慣れています。
□□□	인기	人気	요즘 한국에서는 어떤 영화가 인기예요? 最近韓国ではどんな映画が人気ですか?
□□□	인도네시아	インドネシア	저는 인도네시아에 가 본 적이 있어요. 私はインドネシアに行ったことがあります。
□□□	인분	～人分 / ～人前	오빠는 혼자서 갈비를 삼 인분이나 먹을 수 있어요. 兄は1人でカルビを3人前ぐらい食べられます。
□□□	인사	挨拶	큰 목소리로 아침 인사를 했어요. 大きな声で朝の挨拶をしました。
□□□	인삼	高麗人参	한국에는 인삼으로 만든 인삼 사탕이 있어요. 韓国には高麗人参で作った高麗人参飴があります。
□□□	인정받다	認められる	저는 사장님께 인정받고 싶어서 일을 열심히 하고 있어요. 私は社長に認められたくて仕事を一生懸命しています。
□□□	인천	仁川 (インチョン)	인천은 서울에서 가까운 도시예요. 仁川はソウルから近い都市です。

071

□□□	인터넷	インターネット	한국의 인터넷 속도는 매우 빨라요. 韓国のインターネットの速度はとても速いです。
□□□	인형	人形	조카 생일에 인형을 선물했어요. 甥(姪)の誕生日に人形をプレゼントしました。
□□□	일	仕事 / 用事	그 친구는 아홉 시부터 다섯 시까지 일을 합니다. その友達は9時から5時まで仕事をします。
□□□	일	1	다음 달 일 일에 친구가 우리집에 올 거예요. 来月の1日に友達が我が家に来ます。
□□□	일	～日	지난 달 삼십일에 서울에 갔어요. 先月30日にソウルに行きました。
□□□	일곱	7	그 사람하고 일곱 번 만나고 결혼했어요. その人と7回会って結婚しました。
□□□	일기	日記	한국어로 일기를 쓰고 싶어요. 韓国語で日記を書きたいです。
□□□	일본	日本	일본의 수도는 도쿄예요. 日本の首都は東京です。
□□□	일부	一部	뉴스에서 내일은 일부 지역에 눈이 온다고 했어요. ニュースで明日は一部地域に雪が降ると言っていました。
□□□	일식	和食	일식 중에서 뭘 좋아해요? 和食の中で何が好きですか?

□□□	일식집	和食店	제 친구는 일식집에서 일해요. 私の友達は和食店で働いています。
□□□	일어나다	起きる	나는 아침에 일찍 일어나요. 私は朝早く起きます。
□□□	일어서다	立つ / 立ち上がる	그 아이돌의 팬들은 모두 일어서서 노래를 불렀어요. そのアイドルのファンたちは皆立ち上がって歌いました。
□□□	일요일	日曜日	매주 일요일에 교회에 가요. 毎週日曜日に教会に行きます。
□□□	일월	1月	일월 일일은 설날이에요. 1月1日は元日です。
□□□	일주일	1週間 / 週	일주일에 몇 번 정도 운동을 하세요? 週に何回くらい運動をしますか?
□□□	일찍	早く / 早めに	일찍 일어나서 커피를 마시면 기분이 좋아요. 早起きしてコーヒーを飲むと気分がいいです。
□□□	일흔	70	할아버지는 일흔살에 돌아가셨어요. おじいさんは70歳で亡くなりました。
□□□	읽다	読む	일년에 몇 권 정도 책을 읽어요? 1年に何冊くらい本を読みますか?
□□□	잃다	なくす / 紛失する	여행가서 여권을 잃었어요. 旅行に行ってパスポートを紛失しました。
□□□	잃어버리다	なくす / なくしてしまう	여권을 잃어버려서 울었어요. パスポートをなくしてしまい泣きました。

□□□	입	口	저는 입이 커서 많이 먹을 수 있어요. 私は口が大きくてたくさん食べられます。
□□□	입구	入口	그 건물 입구에서 친구를 만났어요. その建物の入口で友達に会いました。
□□□	입다	着る	원피스를 입고 있는 사람은 제 친구예요. ワンピースを着ている人は私の友達です。
□□□	입술	唇	그 남자는 그 여자의 입술에 뽀뽀를 했어요. その男性はその女性の唇にキスをしました。
□□□	입원하다	入院する	나는 작년에 한 달 동안 입원했어요. 私は去年1か月間入院しました。
□□□	입장권	入場券	도쿄 디즈니랜드 입장권은 너무 비싸요. 東京ディズニーランドの入場券は高すぎます。
□□□	입학	入学	한국은 삼월에 입학해요. 韓国は3月に入学します。
□□□	입학시험	入学試験	서울대학교 입학시험에 합격했어요. ソウル大学の入学試験に合格しました。
□□□	있다	いる / ある	큰 나무가 있는 집에서 살고 싶어요. 大きな木がある家に住みたいです。

□□□	잊다	忘れる	그 사람의 이름을 잊었어요. その人の名前を忘れました。
□□□	잊어버리다	忘れてしまう	선생님의 전화번호를 잊어버렸어요. 先生の電話番号を忘れてしまいました。
□□□	잎	葉	가을이 되면 나뭇잎이 떨어져요. 秋になると木の葉が落ちます。

073

ㅈ

□□□	자기소개	自己紹介	한국어로 자기소개 할 수 있어요? 韓国語で自己紹介できますか?
□□□	자꾸	しきりに / ひっきりなしに	나한테 자꾸 전화하지 마세요. 私にしきりに電話しないでください。
□□□	자다	寝る / 眠る	요즘 바빠서 많이 못 자요. 最近忙しくてあまり眠れません。
□□□	자동차	自動車	자동차 운전면허증을 따고 싶어요. 自動車の運転免許証を取りたいです。
□□□	자동판매기	自動販売機	일본에는 자동판매기가 많이 있어서 편리해요. 日本には自動販売機がたくさんあって便利です。
□□□	자라다	成長する / 育つ / 伸びる	오랜만에 조카를 만났는데 키가 많이 자랐어요. 久しぶりに甥(姪)に会ったが背がかなり伸びていました。
□□□	자랑	自慢 / 誇り	한국 사람들은 자기 자랑을 많이 하는 것 같아요. 韓国人は自分の自慢をたくさんするようです。
□□□	자르다	切る	선생님은 머리를 아주 짧게 잘랐어요. 先生は髪をとても短く切りました。
□□□	자리	席	자리가 없어서 보고 싶었던 공연을 못 봤어요. 席がなくて見たかった公演を見られませんでした。

□□□	자세히	詳しく / 詳細に	한국의 음식 문화에 대해서 자세히 말씀해 주세요. 韓国の食文化について詳しく教えてください。
□□□	자식	子供	부모님께서는 자식을 잘 키우셨어요. ご両親は子供をよく育てられました。
□□□	자신	自身	친구의 생각은 하지 않고 자기 자신만 생각하는 사람이 있어요. 友達のことは考えずに自分自身のことだけを考える人がいます。
□□□	자연	自然	홋카이도는 자연이 아름다운 곳이에요. 北海道は自然が美しいところです。
□□□	자유	自由	이번 발표의 테마는 자유예요. 今回の発表のテーマは自由です。
□□□	자장면	ジャージャー麺	한국에서는 이사하는 날 자장면을 먹어요. 韓国では引っ越しの日にジャージャー麺を食べます。
□□□	자전거	自転車	서울에서 자전거를 탈 때는 조심해야 해요. ソウルで自転車に乗るときは気をつけなければなりません。
□□□	자주	しばしば / よく	그 사람을 자주 만나요? その人によく会いますか?
□□□	자판기	自販機	커피 자판기 앞에서 만나요. コーヒー自販機の前で会いましょう。

074

□□□	작년	昨年	작년에는 눈이 많이 왔어요. 去年は雪がたくさん降りました。
□□□	작다	小さい	내 발은 작은데 친구의 발은 커요. 私の足は小さいのに友達の足は大きいです。
□□□	잔	～杯 / コップ	나는 매일 커피를 세 잔 정도 마셔요. 私は毎日コーヒーを3杯くらい飲みます。
□□□	잔치	宴会 / 祝宴 / パーティー	어머니 생신 잔치를 해 드렸어요. お母さんの誕生日パーティーをしてあげました。 「잔치」には「돌잔치 生まれて1年目の誕生日パーティー」、「백일잔치 生まれて100日目の日のパーティー」、「칠순잔치 70歳の誕生日」、「환갑잔치 61歳の誕生日」などがある。また、「잔치」だけで「결혼식 結婚式」の意味もある。
□□□	잘	よく / 見事に / 上手に	그 사람은 한국어를 아주 잘 해요. その人は韓国語がとても上手です。
□□□	잘되다	よくできる / うまくできる	오늘은 한국어가 왠지 잘돼요. 今日は韓国語がなぜかよくできます。
□□□	잘못	間違い / 誤り	우리에게는 잘못 알고 있는 상식이 많이 있어요. 私たちには間違って覚えている常識がたくさんあります。
□□□	잘못되다	間違える / 誤る	김건모의 '잘못된 만남'이라는 노래를 좋아해요. キム·ゴンモの「間違った出会い」という歌が好きです。
□□□	잘못하다	間違う / 間違える / 過ちを犯す	나는 직장 선택을 잘못해서 힘들었어요. 私は職場の選択を間違えて大変でした。

□□□	잘생기다	ハンサムだ	잘생긴 남자는 성격도 좋을까요? ハンサムな男は性格もいいでしょうか?
□□□	잘하다	うまくやる / よくする / 上手だ	외국어를 잘하는 사람을 존경해요. 外国語が上手な人を尊敬します。
□□□	잠	眠り	요즘 잠을 잘 못 자요. 最近よく眠れません。
□□□	잠깐	しばらくの間 / 少々 / ちょっと	잠깐 기다려 주세요. 少々お待ちください。
□□□	잠시	しばらくの間 / 少々 / ちょっと	점심 시간에 잠시 만나고 싶어요. 昼休みにちょっと会いたいです。
□□□	잠자다	寝る / 眠る	아기의 잠자는 모습이 너무 귀여워요. 赤ちゃんの眠る姿がとてもかわいいです。
□□□	잡다	握る / 掴む / つなぐ	아이와 엄마는 손을 잡고 걸었어요. 子供とお母さんは手をつないで歩きました。
□□□	잡수시다	召し上がる	선생님께서는 점심 때 라면을 잡수셨어요. 先生はお昼にラーメンを召し上がりました。
□□□	잡지	雑誌	패션 잡지를 자주 봐요. ファッション雑誌をよく読みます。
□□□	잡채	チャプチェ	한국 음식 중에서 잡채를 제일 좋아해요. 韓国料理の中でチャプチェがいちばん好きです。

075

□□□	장	～枚	어제 어머니께 편지를 세 장 썼어요. 昨日お母さんに手紙を3枚書きました。
□□□	장갑	手袋	남자친구한테서 크리스마스 선물로 장갑을 받았어요. 彼氏からクリスマスプレゼントで手袋をもらいました。
□□□	장난감	おもちゃ	조카에게 장난감을 사 주고 싶은데 무엇이 좋을까요? 甥(姪)におもちゃを買ってあげたいのですが何がいいでしょうか?
□□□	장마	梅雨	한국에도 장마가 있어요. 韓国にも梅雨があります。
□□□	장미	バラの花	보라색 장미를 본 적 있어요? 紫色のバラの花を見たことがありますか?
□□□	장소	場所	친구랑 공원에서 도시락을 먹을 장소를 찾고 있어요. 友達と公園でお弁当を食べる場所を探しています。
□□□	재료	材料	김치는 재료가 많이 있어야 해요. キムチは材料がたくさんなければなりません。
□□□	재미	楽しみ / おもしろさ / 興味	재미가 있는 사람을 만나서 이야기했어요. おもしろい人に会って話しました。
□□□	재미없다	おもしろくない / つまらない	내 친구는 재미없는 사람이에요. 私の友達はつまらない人です。
□□□	재미있다	おもしろい	재미있는 사람하고 같이 있으면 행복해요. おもしろい人と一緒にいると幸せです。

□□□	재채기	くしゃみ	재채기를 참지 말고 하세요. くしゃみを我慢しないでしてください。
□□□	저	私	저는 일본 사람입니다. 私は日本人です。
□□□	저	あの	저 사람은 어느 나라 사람이에요? あの人はどこの国の人ですか?
□□□	저	あの / ええと	저~ 있잖아요. あの～、すみません。
□□□	저거	あれ	저거 먹고 싶어요. あれ食べたいです。
□□□	저것	あれ	저것은 누구의 책입니까? あれは誰の本ですか?
□□□	저곳	あそこ	이곳 저곳에서 많이 먹어서 배가 불러요. あちこちでたくさん食べてお腹がいっぱいです。
□□□	저금	貯金	저금을 많이 해서 유학 갈 거예요. 貯金をたくさんして留学に行きます。
□□□	저기	あそこ / あちら	저기가 그 유명한 시부야 일공구예요? あそこがあの有名な渋谷109ですか? 指示詞の、「こ・そ・あ」と「이/그/저」はほとんど同じく対応するが、上記の文のような場合「그」に対しては「あ」が対応する。例えば、「그 때 그 사람」は「あのときあの人」になる。
□□□	저녁	夕方 / 夕暮れ	수업이 끝난 후 저녁부터는 아르바이트가 있어요. 授業が終わったあと、夕方からはアルバイトがあります。

076

□□□	저런	あのような / ああいう	친구가 가지고 있는 저런 가방이 좋아요. 友達が持っているあのようなかばんが好きです。
□□□	저렇다	あのようだ	저도 저렇게 옷을 입고 싶어요. 私もあのように服を着たいです。
□□□	저번	この前	형은 저번에 만난 사람하고 결혼했어요. 兄はこの前会った人と結婚しました。
□□□	저분	あの方	지금 저분이 쓴 책이 제일 유명합니다. 今あの方が書いた本がいちばん有名です。
□□□	저쪽	あちら / あっち	그 유명한 빵집은 이쪽이 아니라 저쪽에 있어요. その有名なパン屋さんはこちらではなくあちらにあります。
□□□	저희	私ども	저희 학교 선생님들은 모두 친절합니다. 私どもの学校の先生たちは皆親切です。
□□□	적다	書く	선생님이 읽고 학생은 노트에 적어요. 先生が読んで学生はノートに書きます。
□□□	적다	少ない	점심 밥이 너무 적어서 배고파요. 昼食が少なすぎてお腹がすいています。
□□□	적당하다	適当だ	이정도 가격이라면 적당하다고 생각합니다. このくらいの値段なら適当だと思います。

□□□	전	前	식사하기 전에 야채를 먹으세요. 食事の前に野菜を食べてください。
□□□	전공	専攻	대학교 때 전공이 뭐예요? 大学のときの専攻は何ですか?
□□□	전기	電気	현대인은 전기가 없으면 못 살아요. 現代人は電気がないと生きていけません。
□□□	전부	全部 / すべて	회장님께서는 회장님의 전 재산을 전부 고아원에 기부했다고 했습니다. 会長は会長の全財産をすべて孤児院に寄付したと言いました。
□□□	전철	電車	매일 아침 전철에서 그 여자를 봐요. 毎朝電車でその女性を見ます。
□□□	전체	全体	일본의 전체 인구는 몇 명입니까? 日本の全(全体の)人口は何人ですか?
□□□	전하다	伝える	이 말을 선생님께 전해 주세요. この言葉を先生に伝えてください。
□□□	전혀	全然	다이어트를 하고 있는 친구는 밥을 전혀 먹지 않아요. ダイエットをしている友達はご飯をまったく食べません。
□□□	전화	電話	메일을 하니까 전화는 전혀 하지 않아요. メールをするので電話はまったくしません。
□□□	전화기	電話機	집에 전화기가 있어요? 家に電話機がありますか?

077

□□□	전화번호	電話番号	전화번호 좀 가르쳐 주시겠어요? ちょっと電話番号を教えていただけますか?
□□□	젊다	若い	젊은 여자들은 한국 화장품을 좋아해요. 若い女性たちは韓国の化粧品が好きです。
□□□	점수	点数	한국어능력시험 점수는 몇 점이에요? 韓国語能力試験の点数は何点ですか?
□□□	점심	昼食	오늘 점심은 뭘 먹을 거예요? 今日の昼食は何を食べますか?
□□□	점심때	昼のとき / お昼に	저는 오늘 점심때 친구하고 커피를 마시기로 했어요. 私は今日のお昼に友達とコーヒーを飲むことにしました。
□□□	점심시간	昼食時間 / 昼休み	점심시간이 너무 짧아요. 昼休みが短すぎます。
□□□	점점	だんだん / 徐々にと	점점 추워지고 있어요. だんだん寒くなっています。
□□□	접다	折る	종이로 학을 접어서 선배에게 주었어요. 紙で鶴を折って先輩にあげました。
□□□	접시	皿	맛있는 요리를 예쁜 접시에 담았어요. おいしい料理をきれいな皿に盛りました。
□□□	젓가락	箸	일본에서는 젓가락으로 밥을 먹어요. 日本では箸でご飯を食べます。

□□□	정도	程度 / 〜くらい	잡채를 만들때 양파는 어느 정도 필요해요? チャプチェを作るときタマネギはどのくらい必要ですか?
□□□	정류장	停留場	나는 버스 정류장에서 버스를 기다리고 있어요. 私はバス停留場(バス停)でバスを待っています。
□□□	정리	整理	친구랑 찍은 사진을 정리하면서 친구를 생각했어요. 友達と撮った写真を整理しながら友達のことを考えました。
□□□	정말	本当	그 정치인이 한 말은 정말이에요? その政治家が言ったことは本当ですか?
□□□	정문	正門	대학교 정문 앞에서 기다려 주세요. 大学正門前で待っててください。
□□□	정신없이	無我夢中だ / バタバタ している	정신없이 바빠서 일 년이 금방 가버렸어요. 忙しくてバタバタしていて1年があっという間に過ぎてしまいました。 直訳すると「精神がない」の意味だが、忙しくてバタバタしている際によく使う。
□□□	정원	庭園	우리 아버지의 직업은 정원을 가꾸는 것이에요. うちの父の仕事は庭園を手入れすることです。 ここでの「가꾸다」は「栽培する」、「手入れする」の意味。
□□□	정하다	決める	겨울방학 때 친구하고 서울에 여행가기로 정했어요. 冬休みに友達とソウルに旅行に行くことに決めました。

078

□□□	정형외과	整形外科	요즘 허리가 아파서 정형외과에 다니고 있어요. 最近腰が痛くて整形外科に通っています。
□□□	정확하다	正確だ	한국어는 정확한 발음이 힘들어요. 韓国語は正確な発音が難しいです。
□□□	젖다	濡れる	비가 많이 와서 옷이 젖었어요. 雨がたくさん降って服が濡れました。
□□□	제	私	제가 공부하고 있는 외국어는 한국어예요. 私が勉強している外国語は韓国語です。 「私は」は「저는」、「私を」は「저를」だが、「私が」は「제가」である。
□□□	제목	題目 / タイトル	그 에세이 제목이 뭐예요? そのエッセイのタイトルは何ですか?
□□□	제일	第一 / いちばん	한국 요리 중에서 갈비를 제일 좋아해요. 韓国料理の中でカルビがいちばん好きです。
□□□	제주도	済州島	한라산은 제주도에 있어요. 漢拏山は済州島にあります。
□□□	조금	少し	아주머니, 김치 조금 더 주세요. おばさん、キムチもう少しください。 韓国ではお店の方を呼ぶ際に相手が「아주머니 おばさん」でも「아주머니」とは呼ばず、「저기요」または「여기요」と呼んでいる。
□□□	조금씩	少しずつ	너무 짜면 안 되니까 소금은 조금씩 넣어 주세요. しょっぱすぎるといけないので塩は少しずつ入れてください。

□□□	조심	用心すること / 気をつけること	날씨가 추워졌어요. 감기 조심하세요. 天気が寒くなりました。風邪に気をつけてください。
□□□	조용하다	静かだ	아이가 없으니까 우리 집은 매일 조용해요. 子供がいないから我が家は毎日静かです。
□□□	조용히	静かに	아기가 자니까 조용히 걸어 주세요. 赤ちゃんが寝ているから静かに歩いてください。
□□□	조카	甥 / 姪	조카는 서울대학교에 다녀요. 甥(姪)はソウル大学に通っています。
□□□	졸리다	眠い	점심식사를 한 다음에는 졸려요. 昼食をとったあとは眠いです。
□□□	졸업	卒業	친구는 졸업을 한 후에 회사에 다니고 있어요. 友達は卒業したあと会社に勤めています。
□□□	좀	ちょっと / 少し	좀 비싸도 맛있는 것을 먹고 싶어요. ちょっと高くてもおいしいものが食べたいです。
□□□	좁다	狭い	여행가서 좁은 방에서 친구 다섯 명과 즐거운 시간을 보냈어요. 旅行に行って狭い部屋で友達5人と楽しい時間を過ごしました。
□□□	종류	種類	그 식당은 어떤 종류의 음식이 맛있어요? その食堂はどんな種類の食べ物がおいしいですか?

□□□	종업원	従業員	그 식당에서 일하는 종업원은 매우 친절해요. その食堂で働く従業員はとても親切です。
□□□	종이	紙	이 종이에 이름과 주소를 써 주세요. この紙に名前と住所を書いてください。
□□□	좋다	良い	성격이 좋은 사람과 사귀고 싶어요. 性格が良い人と付き合いたいです。
□□□	좋아하다	好きだ / 好む	무슨 꽃을 좋아하세요? 何の花がお好きですか? 日本語で「〜が好き」は、韓国語では「〜을/를 좋아하다」である。
□□□	죄송하다	申し訳ない / すまない	죄송하지만 창문 좀 열어 주세요. すみませんが窓を開けてください。
□□□	주	週	이번 주 토요일에 친구하고 온천에 갈 거예요. 今週の土曜日に友達と温泉に行く予定です。
□□□	주다	与える / やる / あげる	그 사람이 좋아하는 것을 주고 싶어요. その人が好きなものをあげたいです。
□□□	주로	主に	제가 주로 가는 식당은 역 앞에 있어요. 私が主に行く食堂は駅前にあります。
□□□	주말	週末	주말에 보통 뭐 하세요? 週末は普通何をしていますか?
□□□	주머니	ポケット	주머니에 손을 넣고 자전거를 타면 위험해요. ポケットに手を入れて自転車に乗ると危険です。

□□□	주무시다	お休みになる	오늘 우리 어머니는 일찍 주무세요. 今日私のお母さんは早く寝ます。 「주무시다」は「자다 寝る」の敬語。
□□□	주문하다	注文する	저는 비빔밥을 주문했고 친구는 김치찌개를 주문했어요. 私はビビンバを注文し、友達はキムチチゲを注文しました。
□□□	주변	周辺	집 주변 환경이 아름다운 시골에서 살고 싶어요. 家の周辺の環境が美しい田舎で暮らしたいです。
□□□	주부	主婦	누나는 결혼해서 주부로 살고 있어요. 姉は結婚して主婦として暮らしています。
□□□	주사	注射	아기가 주사를 맞고 울어요. 赤ちゃんが注射を打たれて泣いています。
□□□	주소	住所	편지를 보내고 싶으니까 주소 좀 적어 주세요. 手紙を送りたいので住所を書いてください。
□□□	주스	ジュース	매일 아침에 오렌지 주스를 마셔요. 毎朝オレンジジュースを飲みます。
□□□	주위	周囲	전철 안에서는 주위 사람들에게 배려해야 합니다. 電車の中では周りの人に配慮する必要があります。 「~아/어야 하다」は「~しなければならない」、「~する必要がある」の意味。
□□□	주인	主人 / 主	친구 아버지께서는 편의점 주인입니다. 友達のお父さんはコンビニの店主です。

080

□□□	주일	週	이번 주일에는 반드시 교회에 가겠습니다. 今週は必ず教会に行きます。
□□□	주차	駐車	서울에서는 주차하는 것이 힘들어요. ソウルでは駐車するのが大変です。
□□□	주차장	駐車場	서울에는 주차장이 별로 많지 않아서 불편해요. ソウルには駐車場があまり多くなくて不便です。
□□□	주황색	だいだい色 / オレンジ色	올해 유행하는 색깔은 주황색이에요. 今年はやっている色はオレンジ色です。
□□□	죽다	死ぬ	우리 강아지는 교통사고로 죽었어요. 私の子犬は交通事故で死にました。
□□□	준비	準備	오늘 아침식사 준비는 내가 했어요. 今朝の朝食の準備は私がしました。
□□□	줄	ひも / 縄	가방 줄이 너무 길어요. かばんのひもが長すぎます。
□□□	줄다	減る / 縮む	스웨터를 세탁했더니 줄었어요. セーターを洗濯したら縮みました。
□□□	줄이다	減らす / 縮める / 短くする	이 바지는 너무 길어서 줄이고 싶어요. このズボンは長すぎるので短くしたいです。
□□□	줍다	拾う	쓰레기를 주워서 쓰레기통에 넣었어요. ゴミを拾ってゴミ箱に入れました。

□□□	중	～中	회의 중에 전화가 와서 전화를 못 받았어요. 会議中に電話がかかってきたので出られませんでした。
□□□	중간	中間	친구의 집하고 우리집 중간에 커피숍이 있어요. 友達の家と我が家の中間にコーヒーショップがあります。
□□□	중국	中国	중국은 매우 넓어요. 中国はとても広いです。
□□□	중국집	中華料理店	엄마랑 중국집에서 짬뽕을 먹었어요. お母さんと中華料理店でチャンポンを食べました。
□□□	중심	中心	그 대학교는 서울 중심에 있어요. その大学はソウルの中心にあります。
□□□	중앙	中央	내가 좋아하는 아이돌이 무대 중앙에서 노래를 해요. 私の好きなアイドルが舞台の中央で歌います。
□□□	중요하다	重要だ	저에게 이 사진은 아주 중요해요. 私にとってこの写真はとても重要です。
□□□	중학교	中学校	중학교 때 국어 선생님은 정말 멋있었어요. 中学校のときの国語の先生は本当にすてきでした。
□□□	중학생	中学生	언니에게는 중학생 딸이 하나 있어요. 姉には中学生の娘が1人います。

081

□□□	즐거워하다	楽しそうにする / 嬉しがる	아이들이 즐거워하는 것을 보니까 나도 기뻐요. 子供たちが楽しんでいるのを見ると私も嬉しいです。
□□□	즐겁다	楽しい / 愉快だ	내가 좋아하는 아이돌의 콘서트에 가서 즐거운 시간을 보냈어요. 私が好きなアイドルのコンサートに行って楽しい時間を過ごしました。
□□□	즐기다	楽しむ	나는 겨울방학 동안 서울에서 즐기고 왔어요. 私は冬休みの間ソウルで楽しんできました。
□□□	지각	遅刻	매일 지각을 하는 사람이 있어서 선생님이 화를 냈어요. 毎日遅刻をする人がいて先生が怒りました。
□□□	지갑	財布	지갑 속에 가족 사진이 있어요. 財布の中に家族写真があります。
□□□	지금	今	우리 지금부터 조용히 공부합시다. 私たち今から静かに勉強しましょう。
□□□	지나가다	過ぎる / 過ぎていく / 通る	매주 목요일에 우리 학교 앞을 지나가는 빵을 파는 아저씨가 있어요. 毎週木曜日に私の学校の前を通るパンを売るおじさんがいます。
□□□	지나다	超す / 通り過ぎる	유통기한이 지난 우유를 먹었는데 괜찮았어요. 賞味期限が過ぎた牛乳を飲みましたが大丈夫でした。
□□□	지난달	先月	지난달에 그 사람을 처음 만났어요. 先月その人に初めて会いました。

□□□	지난번	前回 / この間 / この前	지난번에 본 영화를 어제 또 봤는데 재미있었어요. この前見た映画を昨日また見ましたがおもしろかったです。
□□□	지난주	先週	지난주에는 계속 비가 와서 빨래를 하지 못했어요. 先週はずっと雨が降って、洗濯ができませんでした。
□□□	지난해	去年	지난해는 너무 바빠서 여행을 못 갔는데 올해는 꼭 가고 싶어요. 去年は忙しすぎて旅行に行けませんでしたが今年は必ず行きたいです。
□□□	지내다	過ごす / 暮らす	어머니, 잘 지내고 계세요? お母さん、お元気ですか? 直訳すると、「良くお過ごしでいらっしゃいますか?」だが、「お元気ですか?」、「いかがお過ごしですか?」の意味の慣用句として使われる。
□□□	지다	負ける	그 사람은 지는 것을 싫어하는 성격이에요. その人は負けず嫌いな性格です。
□□□	지도	地図	대한민국 지도는 토끼하고 비슷해요. 大韓民国の地図(の形)はウサギに似ています。
□□□	지루하다	退屈だ	지난주에 음악회를 갔는데 너무 지루했어요. 先週音楽会に行きましたがとても退屈でした。
□□□	지르다	叫ぶ	어제 아저씨들이 소리를 지르면서 싸웠어요. 昨日おじさんたちが叫びながら喧嘩していました。

082

□□□	지방	地方	우리 누나는 지방 출신의 남자와 결혼했어요. 私の姉は地方出身の男性と結婚しました。
□□□	지우개	消しゴム	지우개 좀 빌려주세요. 消しゴムを貸してください。
□□□	지우다	消す	그림을 그리고 지우개로 지웠어요. 絵を描いて消しゴムで消しました。
□□□	지키다	守る	아버지는 가정을 지키려고 일을 열심히 하고 계세요. お父さんは家庭を守るために仕事を一生懸命しています。
□□□	지하	地下	그 친구는 지하에 있는 방에 살고 있어요. その友達は地下にある部屋に住んでいます。
□□□	지하도	地下道	지하도를 지나면 고속도로를 탈 수 있어요. 地下道を過ぎると高速道路に乗れます。
□□□	지하철	地下鉄	길이 많이 막히니까 지하철로 갈 거예요. 道がかなり混んでいるので地下鉄で行きます。
□□□	지하철역	地下鉄駅	지하철역은 항상 복잡해요. 地下鉄の駅はいつも混雑しています。
□□□	직업	職業	그 분의 직업이 뭐예요? その方の職業は何ですか?
□□□	직원	職員 / 従業員	이 회사 직원은 모두 친절해요. この会社の従業員は皆親切です。

□□□	직장	職場	오늘 직장 선배하고 저녁식사를 할 거예요. 今日職場の先輩と夕食をするつもりです。
□□□	직접	直接	그 사람을 직접 만나서 이야기하는 것이 더 좋아요. その人に直接会って話したほうがもっといいです。
□□□	진짜	本当 / 本物	진짜 괜찮은 사람하고 결혼하고 싶어요. 本当にいい人と結婚したいです。
□□□	진하다	濃い	그 친구는 진한 화장을 하고 학교에 왔어요. その友達は濃い化粧をして学校に来ました。
□□□	질문	質問	발표가 끝난 다음 질문을 했어요. 発表が終わったあとに質問をしました。
□□□	짐	荷物	내일 이사를 하니까 짐을 싸야 해요. 明日引っ越すので荷物をまとめなければなりません。
□□□	집	家	저랑 제일 친한 친구의 집은 서울에 있어요. 私といちばん親しい友達の家はソウルにあります。
□□□	집들이	引っ越し祝いの宴会	한국에는 이사를 한 후 집들이를 해요. 韓国では引っ越しのあと引っ越し祝いをします。
□□□	집안일	家事	매일 하는 집안일은 중노동입니다. 毎日する家事は重労働です。 「집안일」の発音は「지반닐」。

083

□□□	짓다	作る / 仕立てる / 建てる	언니는 시골에 예쁜 집을 짓고 사랑하는 사람하고 살고 있어요. 姉は田舎にきれいな家を建てて愛する人と住んでいます。 ㅅ不規則。「지어요　建てます」、「지어서　建てて」、「지으니까　建てるから」、「지으면　建てたら」。
□□□	짜다	しょっぱい	짠 음식은 건강에 좋지 않아요. 塩辛い食べ物は健康によくありません。
□□□	짜증	うんざりすること	도서관이 시끄러워서 짜증이 나요. 図書館がうるさくてうんざりします。
□□□	짝	一対のものの片方 / パートナー	내 짝은 어디에 있을까요? 私のパートナーはどこにいるでしょうか?
□□□	짧다	短い	그 책은 너무 재미있어서 짧은 시간에 읽었어요. その本はとてもおもしろくて短時間で読み終えました。
□□□	짬뽕	チャンポン	일본 짬뽕하고 한국 짬뽕은 맛이 달라요. 日本のチャンポンと韓国のチャンポンは味が違います。
□□□	쪽	～のほう	이거랑 저것 중에서 어느 쪽을 더 좋아해요? これとあれのうちでどっちのほうがより好きですか?
□□□	찌개	チゲ	오늘 점심 때 김치찌개 먹고 싶어요. 今日のお昼にキムチチゲが食べたいです。
□□□	찌다	太る	요즘 많이 먹어서 살이 쪘어요. 最近たくさん食べて太りました。

□□□	**찌다**	蒸す / ふかす	**여름 방학 때 옥수수를 쪄서 먹었어요.** 夏休みにトウモロコシを蒸して食べました。
□□□	**찍다**	押す / 突き刺す	**서류에 도장을 찍었어요.** 書類にハンコを押しました。

084

ㅊ

□□□	차	車	멋진 자동차를 타고 드라이브를 하고 싶어요. すてきな自動車に乗ってドライブをしたいです。
□□□	차	茶	일본사람들은 녹차를 많이 마시고 한국사람들은 보리차를 많이 마셔요. 日本人は緑茶をたくさん飲み、韓国人は麦茶をたくさん飲みます。
□□□	차갑다	冷たい	겨울에는 손과 발이 차갑습니다. 冬は手と足が冷たいです。
□□□	차다	満ちる / いっぱいになる	홍수로 도시 전체가 물로 가득 찼어요. 洪水で都市全体が水でいっぱいになりました。
□□□	차다	蹴る	축구공을 열심히 차고 있는 선수들의 사진을 찍었어요. サッカーボールを頑張って蹴っている選手たちの写真を撮りました。
□□□	차다	はめる	시계를 차고 수영을 했어요. 時計をはめたまま水泳をしました。
□□□	차다	冷たい	바람이 너무 차서 감기에 걸렸어요. 風が冷たすぎて風邪を引きました。
□□□	차례	順番	차례를 지켜서 버스를 탔어요. 順番を守ってバスに乗りました。
□□□	착하다	優しい	그 사람은 마음도 착하고 성격도 좋아요. その人は心も優しくて性格もいいです。

□□□	찬물	冷たい水	매일 아침에 일어나서 찬물을 한 잔 마셔요. 毎朝起きて冷たい水を1杯飲みます。
□□□	참	とても	나는 가을을 참 좋아해요. 私は秋がとても好きです。
□□□	참다	我慢する	아무리 힘들어도 참고 열심히 공부할 거예요. いくら大変でも我慢して頑張って勉強するつもりです。
□□□	참외	マクワウリ	한국에서는 여름에 참외를 먹을 수 있어요. 韓国では夏にマクワウリを食べることができます。
□□□	창문	窓	추우니까 창문을 좀 닫아 주시겠어요? 寒いのでちょっと窓を閉めていただけますか?
□□□	찾다	見つける	지하철역에서 지갑을 잃어버렸는데 다음날 아침에 찾았어요. 地下鉄の駅で財布をなくしたけど次の日の朝に見つけました。
□□□	찾아가다	訪ねていく/訪ねる	선생님을 만나러 학교로 찾아갔어요. 先生に会いに学校を訪ねました。
□□□	찾아보다	探してみる	지갑을 잃어버려서 방 안을 찾아봤어요. 財布をなくしたので部屋の中を探してみました。
□□□	찾아오다	訪ねてくる	오늘 손님이 찾아오기 때문에 외출할 수 없어요. 今日お客さんが訪ねてくるので外出できません。

085

□□□	채소	野菜	장마로 인해 채소 가격이 비싸요. 梅雨のせいで野菜の値段が高いです。
□□□	책	本	일년에 책을 몇 권 읽어요? 1年に本を何冊読みますか?
□□□	책상	机	내 책상은 침대 옆에 있어요. 私の机はベッドの隣にあります。
□□□	책장	本棚	책장에 책이 많이 있어요. 本棚に本がたくさんあります。
□□□	처음	最初 / 初めて	처음에 당신을 만났을 때가 생각나요. 初めてあなたに会ったときを思い出します。
□□□	천	千(1,000)	이 사과는 한 개에 천 원이에요. このリンゴは1個千ウォンです。
□□□	천만	千万 (10,000,000)	우리 아파트는 천만 원에 샀어요. 私のアパートは1千万ウォンで買いました。
□□□	천천히	ゆっくり	천천히 조심해서 오세요. ゆっくり気をつけていらっしゃいませ。
□□□	첫	初〜	한국에서는 첫눈이 오는 날 데이트를 하는 커플이 많이 있어요. 韓国では初雪の日にデートをするカップルがたくさんいます。
□□□	첫날	初日	새해 첫날부터 좋은 꿈을 꾸었어요. 新年初日からいい夢を見ました。
□□□	첫째	第一 / 1番目	첫째 시간에 한국어 회화수업이 있어요. 1時間目に韓国語会話の授業があります。

□□□	청년	青年 / 若者	청년들은 취직 준비를 하고 있어요. 若者たちは就職準備をしています。
□□□	청바지	ジーンズ	청바지가 잘 어울려요. ジーンズがよく似合います。
□□□	청소	掃除	나는 청소를 좋아하는데 너는 어때? 私は掃除が好きだけどあなたはどう?
□□□	청소년	青少年	청소년 시절에 만났던 그 친구는 아주 예뻤어요. 少年時代に会ったその友達はとてもきれいでした。
□□□	체육관	体育館	체육관에서 농구를 했어요. 体育館でバスケットボールをしました。
□□□	체크무늬	チェック模様	올해는 반드시 체크무늬 코트를 살 거예요. 今年は必ずチェック柄のコートを買うつもりです。
□□□	쳐다보다	見つめる	나를 계속 쳐다보는 아이의 얼굴이 너무 귀여웠어요. 私をずっと見つめる子供の顔がとてもかわいかったです。
□□□	초	初め	그 가게는 구월 초에 오픈할 예정이에요. その店は9月の初めにオープンする予定です。
□□□	초	～秒	일 분 일 초가 아까워요. 1分1秒がもったいないです。
□□□	초대	招待	그 결혼식에 초대를 받았어요. その結婚式に招待されました。

086

□□□	초대장	招待状	친구의 생일 파티의 초대장을 받았어요. 友達の誕生日会の招待状を受け取りました。
□□□	초등학교	小学校	저는 초등학교 때는 키가 작았어요. 私は小学校のときは背が低かったです。
□□□	초등학생	小学生	요즘 초등학생은 너무 바빠요. 最近の小学生はとても忙しいです。
□□□	초록색	緑色	초록색은 눈 건강에 매우 좋아요. 緑色は目の健康にとても良いです。
□□□	초콜릿	チョコレート	피곤할 때 초콜릿을 먹어요. 疲れたときにチョコレートを食べます。
□□□	최고	最高	나는 이번 영어시험에서 최고 점수를 받았어요. 私は今回の英語の試験で最高の点数をもらいました。
□□□	최근	最近	최근에 유행하는 노래는 뭐예요? 最近はやっている歌は何ですか？
□□□	추다	踊る	춤을 잘 추고 싶어요. ダンスを上手に踊りたいです。
□□□	추석	秋夕（チュソク）	추석 때는 가족들이 모두 모여요. 秋夕のときは家族が皆集まります。
□□□	축구	サッカー	축구는 하는 것도 좋고 보는 것도 좋아요. サッカーはするのもいいし見るのもいいです。
□□□	축구공	サッカーボール	생일 선물로 축구공을 받았어요. 誕生日プレゼントでサッカーボールをもらいました。

□□□	축하	お祝い	생일 축하해요. お誕生日おめでとうございます.
□□□	출구	出口	그 커피숍은 서울역 일 번 출구에 있어요. そのコーヒーショップはソウル駅1番出口にあります。
□□□	출근하다	出勤する	몇 시까지 출근해야 해요? 何時までに出勤しなければなりませんか?
□□□	출발	出発	내일 몇 시에 출발할까요? 明日何時に出発しましょうか?
□□□	출석	出席	오늘 출석을 하지 않으면 선생님께서 화를 낼 거예요. 今日出席しないと先生が怒るでしょう。
□□□	출입	出入り	그곳에는 출입할 수 있어요. そこには出入りできます。
□□□	출입국	出入国	옛날에 비해 출입국 수속이 쉬워졌어요. 昔に比べて出入国の手続きが簡単になりました。
□□□	출장	出張	다음주에 부산으로 출장을 갈 예정이에요. 来週釜山に出張に行く予定です。
□□□	출퇴근	出退勤	출퇴근 시간에는 길이 복잡해요. 通勤時間には道が混雑しています。
□□□	춤	ダンス	저는 춤을 잘 추는 친구를 알아요. 私はダンスが上手な友達を知っています。

087

□ □ □	춤추다	ダンスする	춤추는 일을 하고 싶어요. 踊る仕事がしたいです。
□ □ □	춥다	寒い	서울은 도쿄보다 추워요. ソウルは東京より寒いです。
□ □ □	충분하다	十分だ	월요일에는 충분한 시간이 있으니까 연락 주세요. 月曜日には十分な時間がありますのでご連絡ください。
□ □ □	취미	趣味	취미가 뭐예요? 趣味は何ですか?
□ □ □	취소	取り消し	너무 바빠서 식사 예약을 취소했어요. 忙しすぎて食事の予約をキャンセルしました。
□ □ □	취직	就職	요즘은 취직하기 힘들어요. 最近は就職するのが大変です。
□ □ □	층	～階	저 건물은 몇 층 건물이에요? あの建物は何階建てですか?
□ □ □	치과	歯科 （歯医者）	일본에는 치과가 많은 것 같아요. 日本には歯医者が多いようです。
□ □ □	치다	打つ	저기서 테니스를 치고 있는 사람의 이름을 알고 있어요? あそこでテニスをしている人の名前を知っていますか?
□ □ □	치료	治療	이가 아파서 치과에서 치료를 받았어요. 歯が痛くて歯科で治療を受けました。

□□□	치마	スカート	치마하고 바지 중에서 어느 쪽을 더 좋아해요? スカートとズボンのうちどちらがより好きですか?
□□□	치약	歯磨き粉	요즘 새로운 치약을 샀는데 아주 좋아요. 最近新しい歯磨き粉を買いましたがとてもいいです。
□□□	치킨	チキン	한국의 양념치킨은 세계에서 가장 맛있는 것 같아요. 韓国のヤンニョムチキンは世界でいちばんおいしいと思います。
□□□	친구	友達	그 사람은 그냥 친구예요. 남자친구가 아니에요. その人はただの友達です。 彼氏ではありません。 ただの男の友達のことを「남사친(남자 사람 친구)」という。ちなみに、ただの女の友達のことは「여사친(여자 사람 친구)」という。はやり言葉。
□□□	친절하다	親切だ	잘 생긴 남자보다 친절한 남자를 더 좋아해요. ハンサムな男より親切な男の方がもっと好きです。
□□□	친척	親戚	설날에는 친척들이 모두 모여요. お正月には親戚が皆集まります。
□□□	친하다	親しい	한국에는 친한 사람이 많이 있어요. 韓国には親しい人がたくさんいます。
□□□	칠	7	'칠'은 행운의 숫자예요. 「7」は幸運の数字です。
□□□	칠십	70	서울에 칠십 층 이상의 건물이 있나요? ソウルに70階以上の建物がありますか?

088

□□□	칠월	7月	칠월 칠 일에 우리 만날까요? 7月7日に私たち会いましょうか?
□□□	칠판	黒板	선생님께서 칠판에 그림을 그렸어요. 先生が黒板に絵を描きました。
□□□	침대	ベッド	오늘은 하루 종일 침대에 누워서 책을 읽을 거예요. 今日は一日中ベッドに横になって本を読むつもりです。
□□□	침실	寝室	그 사람은 피곤해서 바로 침실로 들어갔어요. その人は疲れたのですぐに寝室へ入っていきました。
□□□	칫솔	歯ブラシ	치아에 맞는 칫솔을 찾기가 어려워요. 歯に合う歯ブラシを見つけるのが難しいです。
□□□	칭찬	称賛	'칭찬은 고래도 춤추게 한다'라는 속담이 있어요. 「称賛はクジラも踊らせる」ということわざがあります。

089

ㅋ

□□□	카드	カード / クレジット カード	이번 달에는 카드를 많이 사용해서 반성 중이에요. 今月はカードをたくさん使ってしまい反省しています。
□□□	카레	カレー	일본에는 카레를 좋아하는 사람이 많은데 한국은 어때요? 日本にはカレーが好きな人が多いですが韓国はどうですか?
□□□	카메라	カメラ	요즘은 휴대폰 카메라도 아주 좋아요. 最近は携帯電話のカメラもとてもいいです。
□□□	카페	カフェ	홍대입구역 앞 카페에서 만나요. 弘大入口駅前のカフェで会いましょう。
□□□	칼	包丁 / ナイフ	어제 칼로 양파를 잘랐어요. 昨日包丁でタマネギを切りました。
□□□	칼국수	カルグクス	명동에 있는 칼국수 집을 알아요? 明洞にあるカルグクスの食堂を知っていますか?
□□□	캐나다	カナダ	내 친구는 캐나다로 유학을 갔어요. 私の友達はカナダに留学しました。
□□□	커피	コーヒー	하루에 커피를 몇 잔 정도 마셔요? 1日にコーヒーを何杯くらい飲みますか?
□□□	커피숍	コーヒー ショップ	커피숍에서 세 시간 동안 공부를 했어요. コーヒーショップで3時間勉強をしました。

090

□□□	컴퓨터	コンピュータ	요즘 컴퓨터 게임 중에서 제일 재미있는 것은 뭐예요? 最近のコンピュータゲームの中でいちばんおもしろいのは何ですか?
□□□	컵	コップ	컵을 좋아해서 여행을 하면서 예쁜 컵을 많이 모았어요. コップが好きで旅行をしながらきれいなコップをたくさん集めました。
□□□	케이크	ケーキ	케이크 중에서 치즈 케이크를 제일 좋아해요. ケーキの中でチーズケーキがいちばん好きです。
□□□	켜다	つける	어두우니까 전기를 켜 주세요. 暗いから電気をつけてください。
□□□	켜다	弾く	바이올린을 켜는 그녀의 모습은 천사 같았어요. バイオリンを弾く彼女の姿は天使のようでした。
□□□	켤레	～足	양말 두 켤레와 신발 한 켤레를 샀어요. 靴下2足と靴1足を買いました。
□□□	코	鼻	그 여자는 코가 높아서 아직 결혼을 못 했어요. その女性は鼻が高くてまだ結婚できません。 「결혼을 못 했어요」のように韓国語では過去形だが日本語では現在形。「코가 높다」はプライドが高いという意味。
□□□	코끼리	象	인도에서 코끼리를 탄 적이 있어요. インドで象に乗ったことがあります。

□□□	콘서트	コンサート	BTS 콘서트에 가고 싶은데 독감에 걸려서 못 가요. BTSのコンサートに行きたいのですがインフルエンザにかかって行けません。
□□□	콜라	コーラ	가끔 콜라를 마시고 싶을 때가 있어요. たまにコーラを飲みたいときがあります。
□□□	콧물	鼻水	감기에 걸려서 콧물이 자꾸 나요. 風邪を引いて鼻水がよく出ます。
□□□	콩	大豆 / 豆類	콩은 단백질이 풍부해요. 大豆はタンパク質が豊富です。
□□□	크기	サイズ	그 건물의 크기가 궁금해요. その建物の大きさが気になります。
□□□	크다	大きい	큰오빠하고 작은오빠 중에서 누구의 키가 더 커요? いちばん上のお兄さんと下のお兄さんのうちでどちらが背が高いですか?
□□□	크리스마스	クリスマス	크리스마스 때 눈이 왔으면 좋겠어요. クリスマスに雪が降ってほしいです。
□□□	큰소리	大声	잘 들리지 않으니까 큰소리로 말해주세요. よく聞こえないので大きな声で言ってください。
□□□	키	身長 / 背	키가 큰 사람이 인기가 있어요? 背の高い人が人気がありますか?
□□□	키우다	育てる / 飼う	강아지를 키우는 사람들이 많아진 것 같아요. 子犬を飼っている人が多くなったようです。

091

□□□	킬로그램	キログラム	비행기를 탈 때 가방의 무게가 이십 킬로그램 이상이면 돈을 내야 해요. 飛行機に乗るときかばんの重さが20キログラム以上ならお金を払わなければなりません。
□□□	킬로미터	キロメートル	저는 하루에 십 킬로미터 정도 뛰고 있어요. 私は1日に10キロほど走っています。

ㅌ

□□□	타다	焼ける / 燃える	산불이 나서 나무가 모두 타 버렸어요. 山火事で木が全部燃えてしまいました。 「불(이) 나다」は「火事が起こる」の意味。
□□□	타다	乗る	우리는 KTX를 타고 춘천으로 여행을 갔어요. 私たちはKTXに乗って春川へ旅行に行きました。
□□□	타다	入れる	죄송하지만, 커피를 좀 타 주시겠어요? すみませんがコーヒーを入れていただけますか?
□□□	탁구	卓球	탁구를 해서 살이 오 킬로그램 정도 빠졌어요. 卓球をして5キロくらい痩せました。
□□□	탕수육	酢豚	주말에 누나랑 자장면하고 탕수육을 먹었어요. 週末に姉とジャージャー麺と酢豚を食べました。
□□□	태국	タイ	태국의 수도는 방콕이에요. タイの首都はバンコクです。
□□□	태권도	テコンドー	일본에서도 태권도를 배울 수 있어요. 日本でもテコンドーを学ぶことができます。
□□□	태극기	太極旗 (韓国の国旗)	한국에서는 국경일에 태극기를 달아요. 韓国では祝日に太極旗を掲げます。

093

□□□	태도	態度	그 학생은 수업 태도가 좋지 않아서 선생님께서 주의를 줬어요. その学生は授業態度が良くないので先生が注意をしました。
□□□	태어나다	生まれる	그 사람은 봄에 태어났어요. その人は春に生まれました。
□□□	태풍	台風	태풍이 일본 열도를 종단했어요. 台風が日本列島を縦断しました。
□□□	택배	宅配	지난주에 택배를 보냈는데 아직 도착하지 않았어요. 先週宅配便を送りましたがまだ届いていません。
□□□	택시	タクシー	바쁠 때는 택시를 타요. 忙しいときはタクシーに乗ります。
□□□	터미널	ターミナル	광주에 가려면 강남고속버스 터미널에서 고속버스를 타세요. 光州に行くには江南高速バスターミナルから高速バスに乗ってください。
□□□	테니스	テニス	우리 동네에는 테니스 동호회가 있어요. 私の町にはテニス同好会があります。
□□□	테니스장	テニス場	우리는 매주 테니스장에서 만나서 테니스 연습을 해요. 私たちは毎週テニス場で会ってテニスの練習をします。
□□□	테이블	テーブル	엄마는 매일 아침 테이블 위에 저의 도시락을 올려 놓고 출근하세요. お母さんは毎朝テーブルの上に私のお弁当を置いて出勤します。

□□□	텔레비전	テレビ	아버지는 일어나자마자 텔레비전을 켜세요. お父さんは起きるやいなやテレビをつけます。
□□□	토끼	ウサギ	제 별명은 토끼예요. 私のあだ名はウサギです。
□□□	토마토	トマト	토마토는 몸에 좋은 야채예요. トマトは体に良い野菜です。
□□□	토요일	土曜日	이번 주 토요일에는 수업이 있어서 학교에 가야 해요. 今週の土曜日には授業があるので学校に行かなければなりません。
□□□	통장	通帳	한국에 유학을 가서 은행 통장을 만들었어요. 韓国に留学し銀行の通帳を作りました。
□□□	통화	電話 / 通話	오늘은 엄마하고 통화를 못 했어요. 今日はお母さんと電話ができませんでした。
□□□	퇴근	退勤	보통 몇 시에 퇴근하세요? 普通何時に退勤されますか?
□□□	퇴원	退院	약 한 달 동안 입원을 한 후 퇴원을 했어요. 約1か月間入院したあと退院しました。
□□□	튀기다	揚げる	튀긴 요리를 한국어로 '튀김'이라고 해요. 揚げた料理を韓国語で「ティギム(天ぷら)」といいます。
□□□	튀김	揚げ物	튀김 중에서 무슨 튀김을 제일 좋아해요? 天ぷらの中でなんの天ぷらがいちばん好きですか?

094

□□□	트럭	トラック	그 아이의 꿈은 트럭 운전사예요. その子の夢はトラックの運転手です。
□□□	특별하다	特別だ	그 사람은 나에게 특별한 사람이에요. その人は私にとって特別な人です。
□□□	특별히	特別に	그 가수를 특별히 좋아하는 이유라도 있어요? その歌手を特別に好きな理由でもありますか?
□□□	특히	特に	운동 중에서 특히 잘 하는 것은 뭐예요? 運動の中で特に得意なことは何ですか?
□□□	튼튼하다	丈夫だ	몸과 마음이 튼튼해야 공부도 일도 잘 할 수 있어요. 体と心が丈夫でなければ勉強も仕事もうまくできません。
□□□	틀다	つける	텔레비전 좀 틀어 주세요. ちょっとテレビをつけてください。
□□□	틀리다	間違える	이번 시험에서는 많이 틀려서 성적이 좋지 않아요. 今度の試験ではたくさん間違ったので成績が良くないです。
□□□	티셔츠	Tシャツ	운동을 할 때는 티셔츠가 편해요. 運動をするときはTシャツが楽です。
□□□	팀	チーム	우리 반은 한 팀이 되어서 열심히 응원했어요. 私たちのクラスは同じチームになって一生懸命応援しました。

ㅍ

□□□	파란색	青色	저기 파란색 하늘을 좀 보세요. あの青い空をちょっと見てください。
□□□	파랗다	青い	'파랗다'는 '파래요', '파래서', '파라면', '파라니까'가 됩니다. 「青い」は「青いです」、「青いから」、「青いなら」、「青いから」となります。
□□□	파티	パーティー	이번 생일 때는 반드시 생일 파티를 해 줄게요. 今度の誕生日には必ず誕生日パーティーをしてあげます。
□□□	팔	腕	오빠는 팔이 너무 길어서 옷이 모두 짧아요. 兄は腕が長すぎて服が全部短いです。
□□□	팔	8	중국사람들은 '팔'을 좋아하는 것 같아요. 中国人は「8」が好きなようです。
□□□	팔다	売る	내 친구는 명동에서 화장품을 팔고 있어요. 私の友達は明洞で化粧品を売っています。
□□□	팔리다	売れる	그 친구 가게에서 제일 잘 팔리는 것은 아이섀도예요. その友達の店でいちばん売れているのはアイシャドウです。
□□□	팔월	8月	팔월에 여름방학이 있어서 온천에 갈 거예요. 8月に夏休みがあるので温泉に行くつもりです。

096

□□□	펴다	開く	책을 펴고 큰 소리로 읽어 주세요. 本を開いて大きな声で読んでください。
□□□	편리하다	便利だ	교통이 편리한 곳에 있는 집은 집세가 비싸요. 交通が便利なところにある家は家賃が高いです。
□□□	편안하다	気楽だ / 心地よい	이 의자는 편안해서 오래 앉아도 허리가 안 아파요. この椅子は楽で長く座っても腰が痛くないです。
□□□	편의점	コンビニ	일본에는 편의점이 많이 있어요. 日本にはコンビニがたくさんあります。
□□□	편지	手紙	요즘은 옛날보다 편지를 자주 쓰지 않아요. 最近は昔ほど手紙をあまり書きません。
□□□	편찮다	具合が悪い	할아버지께서 편찮으셔서 병원에 입원하셨어요. おじいさんが具合が悪くて病院に入院しました。
□□□	편하다	楽だ / 気楽だ	마음이 편하면 잠을 잘 잘 수 있어요. 心が楽ならよく眠れます。
□□□	평소	普段	평소에는 치마를 자주 입는 편이에요. 普段はスカートをよく履くほうです。
□□□	평일	平日	그 가게는 평일에는 오전 아홉 시부터 영업해요. その店は平日は午前9時から営業しています。

□□□	포도	ブドウ	슈퍼에 포도를 사러 갔는데 너무 비싸서 못 샀어요. スーパーにブドウを買いに行きましたが、高すぎて買えませんでした。
□□□	포장	包装	쓰레기를 줄이기 위해 선물을 살 때 포장을 하지 않아요. ゴミを減らすためにプレゼントを買うとき包装をしません。 「-기 위해(서)」は「～するため(に)」の意味。
□□□	표	チケット	이번 주에 영화를 보기 위해서 표를 예매했어요. 今週、映画を観るためにチケットを予約しました。
□□□	푸르다	青い	푸른 숲 속에 들어가서 심호흡을 하고 싶어요. 青い森の中に入って深呼吸をしたいです。
□□□	푹	ぐっすり / ゆっくり	이번 주말에는 아무것도 하지 말고 푹 쉬세요. 今週末は何もしないでゆっくり休んでください。
□□□	풀다	解く / ほどく	미용실에 가서 파마 머리를 풀고 스트레이트 머리로 했어요. 美容室に行ってパーマをほどいてストレートヘアにしました。
□□□	풍경	風景	제주도에는 풍경이 아름다운 장소가 많이 있어요. 済州島には風景が美しい場所がたくさんあります。
□□□	프라이팬	フライパン	김치 볶음밥은 프라이팬에 밥과 김치를 볶아서 만드는 요리예요. キムチチャーハンはフライパンでご飯とキムチを炒めて作る料理です。

097

□□□	프랑스	フランス	프랑스의 수도는 파리이고 독일 옆에 있는 나라예요. フランスの首都はパリで、ドイツの隣にある国です。
□□□	프로그램	プログラム	그 학교는 한국 유학에 대한 프로그램이 다양해서 인기가 많아요. その学校は韓国留学についてのプログラムが多様で人気があります。
□□□	피	血	다리를 다쳐서 피가 났어요. 足をけがして血が出ました。
□□□	피곤하다	疲れている	피곤할 때는 빨리 자는 것이 좋아요. 疲れたときは早く寝たほうがいいです。
□□□	피다	咲く	장미꽃이 피는 유월이면 그 사람이 생각이 나요. バラの花が咲く6月にはその人を思い出します。
□□□	피아노	ピアノ	초등학교 때 피아노를 배운 적이 있어요. 小学校のときにピアノを習ったことがあります。
□□□	피우다	吸う	그 여자는 담배를 피우는 사람을 싫어해요. その女性はタバコを吸う人が嫌いです。
□□□	피자	ピザ	오늘 점심은 피자로 할까요? 今日の昼食はピザにしましょうか?
□□□	필요하다	必要だ	필요한 것이 있으면 말씀하세요. 必要なものがあればおっしゃってください。

□□□	**필통**	筆箱	**초등학교 졸업식 때 선물로 필통을 받았어요.** 小学校の卒業式のときプレゼントとして筆箱をもらいました。 ここでの「-(으)로」は「～として」の意味。「상으로 시계를 받았어요. 賞として時計をもらいました。」、「식사로 빵을 받았어요. 食事としてパンをもらいました」。「선물」のようなㄹ받침は例外。

098

ㅎ

□□□	하늘	空	가을에는 하늘이 높아요. 秋は空が高いです。
□□□	하늘색	空色 （水色）	오늘은 하늘색 원피스를 입고 데이트할 거예요. 今日は空色のワンピースを着てデートします。
□□□	하다	する	운동을 매일 해요? 運動を毎日しますか?
□□□	하루	1日	하루에 커피를 몇 잔 정도 드세요? 1日にコーヒーを何杯くらい召し上がりますか?
□□□	하숙비	下宿費	신촌에 있는 하숙집은 하숙비가 비싸요. 新村にある下宿は下宿代が高いです。
□□□	하숙집	下宿	오늘은 친구가 살고 있는 하숙집에 놀러 갈 거예요. 今日は友達が住んでいる下宿に遊びに行きます。
□□□	하얀색	白色	하얀색 옷을 입고 한국 요리를 먹을 때는 조심해야 해요. 白い服を着て韓国料理を食べるときは気をつけなければなりません。
□□□	하얗다	白い	하얀 눈이 내리는 밤에 그 사람을 처음 만났어요. 白い雪が降る夜にその人に初めて会いました。

□□□	하지만	しかし	저는 한국사람이에요. 하지만 김치를 매일 먹는 것은 아니에요. 私は韓国人です。しかしキムチを毎日食べるわけではありません。
□□□	학교	学校	학교에 다니고 있을 때가 가장 행복했던 것 같아요. 学校に通っていたときがいちばん幸せだったと思います。
□□□	학기	学期	우리 학교는 삼 학기까지 있어요. 私の学校は3学期まであります。
□□□	학년	学年	새 학년이 되면 기분도 새로워져요. 新学年になると気分も新しくなります。
□□□	학생	学生	그 박물관 입장료는 학생 할인이 돼요? その博物館の入場料は学生割引がありますか?
□□□	학생증	学生証	그 술집에 들어가려면 학생증을 제시해야 합니다. その飲み屋に入るためには学生証を提示しなければなりません。
□□□	학원	塾	그 영어 학원은 언제나 인기가 많은데 그 이유는 뭘까요? その英語塾はいつも人気がありますがその理由は何でしょうか?
□□□	한	1つ	커피 한잔 할까요? コーヒー1杯飲みましょうか?
□□□	한가하다	暇だ	한가할 때 보통 뭐 하세요? 暇なときに普通何をしますか?

099

□□□	한강	漢江（ハンガン、韓国にある川）	한강에서 치맥을 주문해 보고 싶어요. 漢江でチメク(チキンとビール)を注文してみたいです。
□□□	한국	韓国	한국에서 제일 가 보고 싶은 곳은 어디예요? 韓国でいちばん行ってみたいところはどこですか?
□□□	한글	ハングル	한글은 세종대왕이 만드셨어요. ハングルは世宗大王が作りました。
□□□	한두	1、2	아르바이트는 일주일에 한두 번 정도 하고 있어요. アルバイトは週に1、2回くらいしています。
□□□	한번	1回 / 一度	한번만 더 실수하면 용서하지 않을 거예요. もう一度ミスをしたら許しません。
□□□	한복	韓服	경복궁에는 한복을 입은 외국인들이 많이 있어요. 景福宮には韓服を着た外国人がたくさんいます。
□□□	한식	韓国料理	한식 중에서 제일 좋아하는 것은 뭐예요? 韓国料理の中でいちばん好きなものは何ですか?
□□□	한식집	韓国料理屋	전주에 가면 한식집이 많이 있어요. 全州に行くと韓国料理店がたくさんあります。
□□□	한옥	韓屋（韓国の伝統家屋）	저는 어렸을 때 한옥에서 살았어요. 私は幼いとき韓屋に住んでいました。
□□□	한잔	一杯	오늘 한잔 하러 갈까요? 今日1杯飲みに行きましょうか?

□□□	한턱내다	奢り	이번에 제가 승진했으니까 제가 한턱낼게요. 今回私が昇進したので私が奢ります。
□□□	할머니	祖母 / おばあさん	할머니께서는 제가 태어나기 전에 돌아가셨어요. おばあさんは私が生まれる前に亡くなりました。
□□□	할아버지	祖父 / おじいさん	할아버지께서는 초등학교 선생님이었어요. おじいさんは小学校の先生でした。
□□□	할인	割引	백화점에서 예쁜 옷을 사고 싶었는데 할인을 해 주지 않아서 못 샀어요. デパートできれいな服を買いたかったのですが割引をしてくれなくて買えませんでした。
□□□	함께	一緒に	나랑 함께 도서관에 가서 공부할래요? 私と一緒に図書館に行って勉強しますか?
□□□	항공	航空	이번에는 대한항공으로 서울에 갈 예정이에요. 今度は大韓航空でソウルに行くつもりです。
□□□	항공권	航空券	항공권은 출발하기 한 달 전에 예매해서 좀 쌌어요. 航空券は出発する1か月前に予約して少し安かったです。
□□□	항상	いつも	그 사람은 항상 같은 넥타이를 하는 것 같아요. その人はいつも同じネクタイをしているようです。

100

□□□	해	太陽	해는 동쪽에서 떠서 서쪽으로 져요. 太陽は東から昇って西に沈みます。
□□□	해마다	毎年 / 年々	해마다 봄이 오면 우리는 벚꽃 구경을 하러 가요. 毎年春が来ると私たちは花見に行きます。
□□□	해외	海外	해마다 해외로 나가는 사람들이 늘고 있어요. 毎年海外に行く人が増えています。
□□□	해외여행	海外旅行	설날에 고향을 찾는 사람들이 줄고 해외여행을 선호하는 사람들이 해마다 늘고 있다고 합니다. 旧正月に故郷を訪れる人が減り海外旅行を好む人が年々増えているということです。
□□□	햄버거	ハンバーガー	가끔 햄버거가 먹고 싶어질 때가 있어요. たまにハンバーガーが食べたくなるときがあります。
□□□	햇빛	日差し	아무리 추워도 가끔 밖에 나가서 햇빛을 쬐는 것이 건강에 좋대요. いくら寒くてもたまに外に出て日差しを浴びるのが健康に良いそうです。
□□□	행동	行動	어렸을 때부터 행동을 조심하라는 소리를 많이 들었어요. 幼いときから行動に気をつけろとよく言われました。
□□□	행복	幸せ	행복은 돈만으로는 측정할 수 없다. 幸せはお金だけでは測れない。
□□□	행사	行事 / イベント	저는 백화점 세일 행사를 하는 곳에서 아르바이트를 하고 있어요. 私はデパートのセールイベントをするところでアルバイトをしています。

□□□	허리	腰	허리가 너무 아파서 수술을 했어요. 腰がとても痛くて手術をしました。
□□□	헤어지다	別れる	여자친구하고 헤어진 후 많이 힘들었지만 시간이 해결해 줬어요. 彼女と別れたあととても大変でしたが時間が解決してくれました。
□□□	헬스클럽	ジム	매주 세 번정도 헬스클럽에 가요. 毎週3回くらいジムに行きます。
□□□	혀	舌	양치를 할 때 혀도 닦아요? 歯磨きをするとき舌も磨きますか?
□□□	현금	現金	요즘은 현금을 들고 다니지 않는 사람들이 늘고 있어요. 最近は現金を持ち歩かない人が増えています。
□□□	현재	現在	현재 하고 계신 일은 뭐예요? 現在のお仕事は何ですか?
□□□	형	兄 (弟からの呼称)	저에게는 형이 둘이고 누나가 둘 있어요. 私には兄が2人で姉が2人います。
□□□	형제	兄弟 / きょうだい	형제가 많으니까 늘 시끄럽지만 그래도 행복해요. 兄弟が多いからいつもうるさいけどそれでも幸せです。
□□□	호	～号	지금 이월인데 벌써 사월 호 잡지가 나왔네요. 今2月なのにもう4月号の雑誌が出ましたね。
□□□	호랑이	虎	호랑이도 제말하면 온다더니……. 虎も自分の話をすれば来ると言っていたのに……。 「噂をすれば影がさす」ということわざ。

□□□	호수	湖	호수에 비친 산과 나무들을 찍었어요. 湖に映った山や木々を撮りました。
□□□	호텔	ホテル	보통 한국으로 출장을 가면 서울역에서 가까운 호텔에 묵어요. 普通韓国に出張に行くとソウル駅から近いホテルに泊まります。
□□□	혹시	もしかして	혹시 고향이 부산이에요? もしかして故郷は釜山ですか?
□□□	혼자	ひとり	요즘 혼자서 술을 먹는다라는 뜻으로 ‘혼술’이라는 말이 유행해요. 最近ひとりでお酒を飲むという意味で「ホンスル」という言葉が流行っています。
□□□	홍차	紅茶	홍차를 마실 때는 레몬을 넣어서 마셔요. 紅茶を飲むときはレモンを入れて飲みます。
□□□	화	怒り	화를 자주 내는 사람이 있는데 그 사람하고 이야기할 때면 너무 피곤해요. よく怒る人がいるけどその人と話すときはとても疲れます。
□□□	화가	画家	빈센트 반 고흐는 내가 좋아하는 화가 중 한 사람이에요. フィンセント·ファン·ゴッホは私の好きな画家の一人です。
□□□	화나다	腹が立つ	화나는 일이 생겼을 때 어떻게 해결하면 좋을까요? 腹が立ったとき、どう解決すればいいでしょうか?
□□□	화내다	腹を立てる / 怒る	화내지 마세요. 무서워요. 怒らないでください。怖いです。

□□□	화려하다	華やかだ / 派手だ	화려한 화장을 하고 화려한 옷을 입은 사람들이 모여서 파티를 해요. 派手な化粧をして派手な服を着た人たちが集まってパーティーをします。
□□□	화요일	火曜日	매주 화요일 방과 후에는 한국어 회화 수업이 있으니까 모여 주세요. 毎週火曜日の放課後には韓国語会話の授業がありますので集まってください。
□□□	화장실	化粧室 / トイレ	여자 화장실이 더 많이 있었으면 좋겠어요. 女性用トイレがもっとたくさんあったらいいですね。
□□□	화장품	化粧品	명동에 가서 화장품을 샀어요. 明洞に行って化粧品を買いました。
□□□	환영	歓迎	손흥민 선수는 팬들의 환영을 받으면서 귀국했어요. ソン·フンミン選手はファンの歓迎を受けながら帰国しました。
□□□	환자	患者	독감 환자가 조금씩 줄고 있어서 다행이에요. インフルエンザ患者が少しずつ減っていてよかったです。
□□□	환전	両替	공항에는 환전을 하려고 줄을 선 사람들이 많이 있어서 저는 포기해 버렸어요. 空港には両替をしようと並んでいる人がたくさんいて私は諦めてしまいました。
□□□	활발히	活発に	빨리 전쟁이 끝나고 경제가 활발히 움직였으면 좋겠어요. 早く戦争が終わって経済が活発に動いてほしいです。

102

□□□	회	～回	백신 접종은 몇 회를 맞아야 합니까? ワクチン接種は何回受けなければなりませんか?
□□□	회사	会社	아버지는 그 회사에서 삼십 년을 근무하셨습니다. お父さんはその会社で30年間働いていました。
□□□	회사원	会社員	그 사람은 대학교를 졸업한 후 회사원이 되었습니다. その人は大学を卒業したあと会社員になりました。
□□□	회색	灰色	검정색과 흰색을 섞으면 회색이 됩니다. 黒と白を混ぜると灰色になります。
□□□	회원	会員	요가 교실에서 회원을 모집하고 있었습니다. ヨガ教室で会員を募集していました。
□□□	회의	会議	환경문제를 해결하기 위해서 회의를 하고 있어요. 環境問題を解決するために会議をしています。
□□□	횡단보도	横断歩道	횡단보도를 건너다가 넘어졌어요. 横断歩道を渡っていて転びました。 「-다가」は、動作や状態が途中で中断され、他の現象や動作に変わったりするときによく使われる。意味は、「～してたが」、「～していて」。「가다가 行っていて」、「먹다가 食べていて」。「-다가」がうまく使えると韓国語が上手に聞こえる。
□□□	후	～後	잠깐만 기다려 주시겠어요? 십분 후에 올게요. 少々お待ちいただけますか? 10分後に来ます。

□□□	후배	後輩	그 남자는 후배하고 결혼을 해서 지금은 아주 행복하게 잘 살고 있어요. その男は後輩と結婚して今はとても幸せに暮らしています。
□□□	훌륭하다	立派だ	나도 그 선배처럼 훌륭한 어른이 되고 싶습니다. 私もその先輩のように立派な大人になりたいです。
□□□	훨씬	はるかに	그 사람은 나보다 키가 훨씬 더 커요. その人は私より背がはるかに高いです。
□□□	휴가	休暇	휴가 때 계획 있어요? 休暇のときの計画はありますか?
□□□	휴게실	休憩室	점심식사가 끝난 뒤에 회사 휴게실에서 커피를 마셨어요. 昼食が終わったあと会社の休憩室でコーヒーを飲みました。
□□□	휴대폰	携帯電話	요즘 휴대폰은 너무 스마트해서 안되는 것이 없어요. 最近の携帯電話はとてもスマートなのでできないことがありません。
□□□	휴일	休日	한국에는 일 년에 휴일이 몇 일 정도 있어요? 韓国では1年に休日が何日くらいありますか?
□□□	휴지	トイレットペーパー / ティッシュ	휴지를 아무 곳에나 버리는 사람들이 있는데 어떻게 생각하세요? ティッシュをどこにでも捨てる人がいますがどう思いますか?

ㄱ ㄴ ㄷ ㄹ ㅁ ㅂ ㅅ ㅇ ㅈ ㅊ ㅋ ㅌ ㅍ ㅎ

103

□□□	휴지통	ゴミ箱	그러면 안 돼요. 휴지는 휴지통에 버려야죠. それはダメですよ。ティッシュはゴミ箱に捨てなければなりません。
□□□	흐르다	流れる	야채와 과일은 흐르는 물에 씻어야 해요. 野菜や果物は流水で洗わなければなりません。
□□□	흐리다	曇る	하늘이 흐린 것을 보니 곧 비가 올 것 같아요. 空が曇っているのを見るとすぐにでも雨が降ってきそうです。
□□□	흔들다	揺さぶる	이번에 나온 그 아이돌의 신곡은 전 세계를 흔들어 놓을 만큼 인기가 많았어요. 今回リリースされたそのアイドルの新曲は世界中を揺るがすほどの人気でした。 「-ㄹ(을) 만큼」は、「～するほど」、「～するくらい」という意味。「갈 만큼 行くほど」、「먹을 만큼 食べるほど」。
□□□	흘리다	流す	눈물을 흘리는 그 소녀를 조용히 안아 줬어요. 涙を流すその少女を静かに抱きしめてあげました。
□□□	희망	希望	천구백팔십 년도에 유행한 '희망사항'이라는 노래를 꼭 한번 들어 보세요. 1980年に流行した「希望事項」という歌をぜひ一度聞いてみてください。
□□□	흰색	白色	한국에서는 장례식 때 흰색이나 까만색 옷을 입어요. 韓国では葬式のときに白や黒の服を着ます。

□□□	힘	力	우리 회사에도 힘이 센 사람이 한 명정도 있었으면 좋겠어요. うちの会社にも力が強い人が1人くらいいたらいいですね。
□□□	힘들다	大変だ / 疲れる / つらい	요즘 가장 힘든 것이 뭐예요? 最近いちばん大変なことは何ですか?

穴埋め練習

- 見出し語の日本語を参考にして、空欄に韓国語を入れてみましょう。動詞や形容詞は活用する場合もあるので留意してください。
- 本文と同じ順に並んでいるので、解答は本文を参照してください。
- **音声は韓国語のみ**で収録されています。音声を聞きがなら答え合わせをするのも効果的です。

104

ㄱ

☐	店	우리 동네에는 싼 ( )가 많이 있어요.
☐	価格	이 옷은 ( )이 비싸요.
☐	家具	주말에 예쁜 ( )를 샀어요.
☐	近い	집에서 학교까지 ( )요.
☐	たまに / ときどき	한국 드라마를 ( ) 봐요.
☐	細い	손가락이 ( )요.
☐	行く	주말에 언니와 같이 서울에 ( )요.
☐	いっぱい / なみなみ	컵에 물을 ( ) 부었어요.
☐	教える	선생님은 한국어를 ( )요.
☐	示す	손가락으로 ( ) 주세요.
☐	鞄	( )이 예뻐요.
☐	軽い	책이 ( )요.
☐	歌手	( ) 중에서 누구를 가장 좋아해요?
☐	胸	사랑하는 사람 앞에서는 ( )이 뛰어요.
☐	歌謡 / 歌	일본( )를 좋아해요.
☐	真ん中	나는 수업시간에는 ( ) 자리에 앉아요.
☐	はさみ	( )로 종이를 잘랐어요.
☐	秋	( )에는 감이 맛있어요.
☐	もっとも / 何より / いちばん	저는 한국어를 ( ) 잘 해요.
☐	持っていく	이 김치를 집에 ( )세요.
☐	持ってくる	학교에 도시락을 ( )어요.
☐	家族	( )이 몇 명 있어요?
☐	種 / 種類	반찬을 다섯 ( ) 만들었어요.
☐	持つ	돈을 많이 ( ) 싶어요.

105

□	おのおの / それぞれ	식당에서 돈을 (　　) 냈어요.
□	簡単だ / たやすい	설명이 (　　)해요.
□	簡単に	식사를 (　　) 했어요.
□	おやつ	세 시에 (　　)을 먹어요.
□	醤油	미역국에 (　　)을 넣어요.
□	看護師	저는 (　　)가 되고 싶어요.
□	カルビ	한국에서 (　　)를 먹었어요.
□	カルビタン	(　　)이 뭐예요?
□	茶色	저는 (　　) 옷이 많이 있어요.
□	着替える	집에서 옷을 (　　)었어요.
□	乗り換える	학교에서 집까지 지하철을 두 번 (　　)요.
□	柿	(　　)이 맛있는 계절이에요.
□	風邪	(　　)에 걸렸어요.
□	風邪薬	(　　)을 먹어야 해요.
□	閉じる / つぶる	눈을 (　　)고 음악을 들어요.
□	洗う	매일 머리를 (　　)요.
□	感謝	(　　)합니다.
□	ジャガイモ	채소 중에서 (　　)를 가장 좋아해요.
□	急に	그 사람은 (　　) 말을 했어요.
□	価値 / 値打ち / 値段	비행기 (　　)이 비싸서 외국여행을 포기했어요.
□	川	(　　)에서 보트를 탔어요.
□	子犬	(　　)를 키우세요?
□	強い	엄마는 (　　)요.
□	持つ	옷을 많이 (　　)고 있어요.
□	同じ	내 옷은 친구하고 (　　)요.

106

□	一緒に	친구하고 (　　) 살고 있어요.
□	返す	동생에게 돈을 (　　)았어요.
□	犬	저는 매일 (　　)하고 산책을 해요.
□	個	아이스크림을 한 (　　) 먹었어요.
□	～か月	한국어를 삼 (　　) 정도 공부했어요.
□	もの / こと	우리 맛있는 (　　) 먹을까?
□	そこ / そちら	(　　)에 가고 싶어요.
□	町 / 市街 / 通り	(　　)에 사람이 많이 있어요.
□	距離	집에서 슈퍼까지 (　　)가 가까워요.
□	居間	(　　)에서 텔레비전을 봤어요.
□	鏡	하루에 (　　)을 몇 번 보세요?
□	ほとんど / ほぼ	숙제를 (　　) 다 했어요.
□	拒絶する / 断る	친구와의 약속을 (　　)하지 못했어요.
□	嘘	그 사람은 (　　)을 하지 않아요.
□	心配	시험이 (　　)돼요.
□	健康	(　　)이 가장 중요해요.
□	渡っていく	강을 (　　)면 그 집이 있을 거예요.
□	移る / 渡る	강을 (　　)서 왔어요.
□	向こう側	친구는 (　　) 가게에 갔어요.
□	建物	회사는 어느 (　　)에 있어요?
□	歩く	하루에 만보를 (　　)고 있어요.
□	掛ける	벽에 그림을 (　　)어 주세요.
□	掛かる	벽에 그림이 (　　) 있어요.
□	歩いていく	학교까지 (　　)요?
□	歩いてくる	집까지 (　　)어요?

107

□	歩み / 足	저는 (　　)이 느려요.
□	検査	내일 숙제 (　　)가 있어요.
□	黒色	아버지는 (　　) 정장을 입고 회사에 가세요.
□	黒色	저는 (　　) 옷이 많아요.
□	もの / こと	제 취미는 노래를 부르는 (　　)이에요.
□	表	이 옷은 (　　)과 안이 같아요.
□	怠ける	(　　) 사람을 싫어해요.
□	ゲーム	‘(　　)’은 ‘께임’으로 발음해야 해요.
□	冬	(　　)에는 따뜻한 온돌방이 그리워요.
□	結果	그 (　　)가 나왔어요.
□	欠席	친구가 (　　)했어요.
□	決心	연초에 무슨 (　　)을 했어요?
□	決定	(　　)이 났어요.
□	結婚	서른 살에 (　　)할 거예요.
□	結婚式	어제 친구 (　　)에 갔어요.
□	競技 / 試合	축구 (　　)를 좋아하세요?
□	警察官	저는 (　　)이 되고 싶어요.
□	警察署	(　　)에 신고하세요.
□	景色	교토는 (　　)가 아름다워요.
□	経験	(　　)을 많이 쌓고 싶어요.
□	階段	건강을 위해서 엘리베이터를 타지 않고 (　　)으로 가요.
□	鶏卵	(　　)을 하루에 두 개 먹어요.
□	計算	그 사람은 (　　)이 정확해요.
□	継続	한국어 공부를 (　　)할 거예요.
□	いらっしゃる	부모님께서는 지금 어디에 (　　)요?

108

☐	季節	무슨 ( )을 좋아하세요?
☐	計画	연휴 때 ( ) 있어요?
☐	首筋 / 首	책을 오래 읽어서 ( )가 아파요.
☐	肉	무슨 ( )를 좋아해요?
☐	高校	저는 작년에 ( )학교를 졸업했어요.
☐	高校生	저는 이제 ( )학생이 아니에요.
☐	選ぶ	친구의 생일 선물을 ( )어요.
☐	ありがたい	도와 주셔서 ( )습니다.
☐	父の姉妹(伯母 / 叔母)	저에게는 ( )가 세 명 있어요.
☐	悩み	무슨 ( ) 있어요?
☐	高速バス	( )를 타고 부산에 갔어요.
☐	猫	( )가 두 마리 있어요.
☐	故障	핸드폰이 ( )이 났어요.
☐	コチュジャン / 唐辛子味噌	( )은 매워요.
☐	直す	컴퓨터를 ( ) 주세요.
☐	空腹だ / お腹が空く	배(가) ( )(서) 죽겠어요.
☐	故郷 / ふるさと	( )이 어디예요?
☐	すぐ / 直ちに	( ) 갈게요.
☐	所 / 場所	좋은 ( )을 알고 있어요?
☐	ボール	축구( ) 있어요?
☐	公務員	( )하고 결혼하고 싶어요.
☐	勉強	한국어 ( )는 재미있어요.
☐	公園	우리 우에노 ( )에서 만날까요?
☐	工場	그 자동차는 중국에 있는 ( )에서 만들었어요.
☐	無料 / ただで得たもの	세상에 ( )는 없어요.

109

☐	ノート	숙제는 (　　)에 써 오세요.
☐	空港	선배는 하네다(　　)에서 일하고 있어요.
☐	休日	오월에는 (　　)이 많아요.
☐	過去	저는 이미 (　　)를 잊었어요.
☐	果物	어떤 (　　)을 제일 좋아하세요?
☐	菓子	감사의 마음으로 (　　)를 선물했어요.
☐	関係	그 친구와 저는 친한 (　　)를 오래 유지하고 있어요.
☐	観光	주말에 아사쿠사를 (　　)했어요.
☐	観光客	엔저 현상으로 외국인 (　　)이 일본에 많이 왔어요.
☐	観光地	국내 (　　) 팸플릿을 가져 왔어요.
☐	関心 / 興味	요즘 무엇에 (　　)이 있어요?
☐	広告	아이들은 텔레비전 (　　)를 좋아해요.
☐	光州	(　　)는 전라남도에 있어요.
☐	大丈夫だ / 構わない / 悪くない	조금 늦어도 (　　)요.
☐	苦しむ / 悩む	엄마는 허리 통증으로 (　　)하셨어요.
☐	教科書	(　　)가 무거워요.
☐	教師	제 꿈은 (　　)예요.
☐	教授	(　　)님하고 상담했어요.
☐	教室	친구하고 (　　)에서 공부를 했어요.
☐	教育	학교에서 한국어 (　　)을 받고 있어요.
☐	交通	도쿄는 (　　)이 편리해요.
☐	交通費	하지만 도쿄는 (　　)가 비싸요.
☐	交通事故	오늘 아침에 (　　)가 났어요.
☐	交換する	옷을 (　　) 주세요.
☐	教会	매주 일요일에 (　　)에 가요.

110

□	9	그 식당은 (　　) 층에 있어요.
□	見物	서울에 가서 명동을 (　　)했어요.
□	靴	핑크색 (　　)를 샀어요.
□	雲	(　　)이 예뻐요.
□	90	요즘은 (　　) 살 이상 사는 사람이 많이 있어요.
□	9月	언니 생일은 (　　)이에요.
□	スープ / 汁	한국사람들은 생일날에 미역(　　)을 먹어요.
□	国内	그 가수는 (　　) 투어만 해요.
□	麺類 / 素麺	(　　) 요리 좋아하세요?
□	国籍	(　　)이 어디예요?
□	国際	(　　) 관계가 복잡해요.
□	軍人	제 남자친구는 (　　)이에요.
□	固まる / 固くなる	빵을 산 지 오래되어서 (　　)어 버렸어요.
□	太い	아빠의 손가락이 (　　)요.
□	焼く	고기를 (　　)웠어요.
□	気がかりだ / 気になる	그 친구의 소식이 (　　)해요.
□	冊 / 巻	가방 안에 책이 다섯 (　　) 있어요.
□	耳	아버지와 아들은 (　　)가 닮았어요.
□	イヤリング	(　　)를 샀어요.
□	かわいがる	친구는 고양이를 (　　)요.
□	かわいい	아기의 얼굴이 (　　)요.
□	面倒だ / 厄介だ	청소가 (　　)요.
□	規則	학교에 (　　)이 많이 있어요.
□	みかん	(　　)은 오렌지색이에요.
□	その	(　　) 사람은 우리 선생님이에요.

111

□	それ	(　　)은 제 것이에요.
□	そこ / そちら	(　　)에 가고 싶어요.
□	その日	(　　)은 뭐 할 거예요?
□	そのまま / ただ	(　　) 두세요. /(　　) 물어 봤어요.
□	そのまま	(　　) 두세요.
□	その間	(　　) 잘 지내셨어요?
□	そのとき	(　　) 저는 식사를 하고 있었어요.
□	うん / そうよ / そうだよ	너는 일본사람이니? - (　　),난 일본사람이야.
□	それで	피곤해요. (　　) 일찍 잤어요.
□	しかし	자고 싶어요. (　　) 시끄러워서 잘 수 없어요.
□	だから / ですから	내일 시험이 있어요. (　　) 공부해야 해요.
□	そうすれば / そうすると	식사를 잘 해야 해요. 안 (　　) 공부에 집중을 못 할 거예요.
□	それゆえ / したがって / だから	내일 시험이 있습니다. (　　) 일찍 잘 수 없습니다.
□	そのような	그 사람은 아주 친철해요. (　　) 사람은 처음이에요.
□	ところで / さて / しかし	지금은 장마철이에요. (　　) 비가 안 와요.
□	では / じゃ	(　　) 본론으로 들어가겠습니다.
□	もちろん	(　　), 당연하지.
□	そうだ / その通りだ	임선생님이에요? - 네, (　　)습니다.
□	そうだけれども / そうだけど	비가 와요. (　　) 학교에 가야해요.
□	器 / 茶碗	밥 (　　)이 작아요.
□	また / それから	공부를 했어요. (　　) 청소를 했어요.
□	描く	산을 (　　)렸어요.
□	絵	스페인에서 피카소 (　　)을 봤어요.
□	恋しい	어떤 때 가족이 (　　)요?
□	それくらいに(する) / それぐらいで(やめる)	제발 이제 (　　) 하세요.

112

□	やめる / 中止する	학교를 (　　)고 싶지 않아요.
□	その方	(　　)은 한국사람입니다.
□	おととい	(　　) 밤에 뭐 하셨어요?
□	そちら	(　　)으로 쭉 가세요.
□	止む / 終わる	비가 (　　)면 출발합시다.
□	映画館 / 劇場	그 영화는 (　　)에서 상영해요.
□	近所	집 (　　)에 그 극장이 있어요.
□	文 / 文章	(　　)을 많이 읽고 문장을 써야 해요.
□	さあ / まあ	(　　), 잘 몰라요.
□	さあ / まあ / そうですね	(　　). 잘 몰라요.
□	文字 / 字	(　　)를 예쁘게 쓸 수 있어요.
□	文字 / 字	이 (　　)를 읽어 보세요.
□	今すぐ	그 사람은 (　　) 집에 갔어요.
□	金曜日	(　　)에 만나요.
□	禁止	이곳은 열 시부터 통행(　　)예요.
□	急いでいる / 急だ	(　　)한 전화를 받았어요.
□	期間	숙제 제출(　　)이 지났어요.
□	待つ	버스를 (　　)고 있어요.
□	育てる / 養う / 飼う	고양이를 (　　)세요?
□	油	잡채에 참(　　)을 넣어야 맛있어요.
□	期末試験	(　　)은 언제부터 언제까지예요?
□	気分 / 機嫌 / 気持ち	오늘은 (　　)이 아주 좋아요.
□	喜ぶ / 嬉しがる	취직을 해서 부모님께서 (　　)셨어요.
□	嬉しい	선물을 받아서 (　　)요.
□	喜び / 嬉しさ	친구의 (　　)이 곧 저의 (　　)이에요.

□	宿舎 / 寮	저는 대학교 때 (　　)에서 살았어요.
□	記憶	제 이름 (　　)하세요?
□	思い出す	그 사람의 이름이 (　　)어요.
□	気温	여름에는 (　　)이 높아요.
□	記者	형은 경제신문 (　　)예요.
□	電車 / 列車 / 汽車	(　　)를 타고 여행하는 것을 좋아해요.
□	列車の駅	그 친구는 (　　) 근처에 살고 있어요.
□	列車の切符 / 乗車券	요즘은 스마트폰으로 (　　)를 예약할 수 있어요.
□	咳	감기에 걸려서 (　　)이 많이 나요.
□	その他	(　　) 다른 질문이 있으면 하세요.
□	機会	(　　)가 오면 잡으세요.
□	緊張	(　　)을 풀고 발표해 주세요.
□	道 / 道路 / 通路 / 路地	(　　)이 막혀서 조금 늦을 거예요.
□	長い	선생님의 머리가 (　　)요.
□	長さ	커튼의 (　　)를 재어 보세요.
□	海苔	한국 (　　)하고 일본 (　　)은 맛이 달라요.
□	海苔巻き / キムパップ	엄마가 소풍 때 (　　)을 만들어 주셨어요.
□	キムチ	한국에는 (　　) 냉장고가 있어요.
□	キムチチゲ	(　　)에 두부를 넣어요.
□	深い	(　　)은 강에는 들어가지 마세요.
□	深さ	바다의 (　　)를 알 수 없어요.
□	黒色	(　　) 구두를 신고 (　　) 가방을 든 여자가 왔어요.
□	削る / 刈る / 削減する	연필을 (　　)서 글씨를 써요.
□	びっくりする様子	친구가 갑자기 찾아와서 (　　) 놀랐어요.
□	きれいに	저는 핸드폰을 (　　) 사용하고 있어요.

114

☐	清らかだ / 清潔だ / きれいだ	내 방은 언제나 (　　)요.
☐	覚める / 起きる	아침에 일찍 (　　)서 공부를 했어요.
☐	取り出す	가방에서 책을 (　　)서 읽었어요.
☐	ガム	고기를 먹은 후 (　　)을 씹어요.
☐	必ず	(　　) 연락해 주세요.
☐	花	(　　) 중에서 장미꽃을 제일 좋아해요.
☐	花束	졸업식에서 (　　)을 받았어요.
☐	花瓶	생일 선물로 (　　)을 사 줬어요.
☐	花屋	제 친구는 (　　)에서 일을 하고 있어요.
☐	(夢を)見る	남자친구를 만나는 꿈을 (　　)었어요.
☐	夢	좋은 (　　) 꾸세요.
☐	消す	불을 (　　)고 자야 해요.
☐	止める / 断つ / 切る	형은 담배를 (　　)었어요.
☐	湧く / 沸騰する	물이 (　　)으면 라면을 넣으세요.
☐	沸かす / 沸騰させる	보리차를 (　　)서 먹어요.
☐	端 / 先 / 先端	제일 (　　)에 그 사람이 앉아 있어요.
☐	終わる	오늘 수업은 다섯 시에 (　　)습니다.
☐	終える	일을 빨리 (　　)고 공항에 가야 해요.
☐	はめる / 加わる / 挟まる	선생님은 반지를 (　　)고 있어요.

115

ㄴ

☐	私	(　　)는 우유를 좋아해요.
☐	出る	세 시에 집에서 (　　)갔어요.
☐	分ける	친구와 아이스크림을 두 개로 (　　)었어요.
☐	出る / 生える	아빠는 수염이 (　　)어요.

□	国	한국사람들은 자신들의 (　　)를 말할 때 '우리나라' 라고 해요.
□	残り	오늘은 너무 피곤하니까 (　　) 숙제는 내일 할 거예요.
□	木	엄마하고 (　　)를 심었어요.
□	悪い	성격이 (　　) 사람하고 이야기를 하는 것은 힘들어요.
□	出る	몇 시에 밖에 (　　)왔어요?
□	年齢	선생님은 (　　)가 많아요.
□	あと	(　　)에 식사하러 가요.
□	現れる / 表れる	그 집에서 도깨비가 (　　)났어요.
□	4日 / 4日間	시험공부는 (　　) 걸렸어요.
□	釣り	다음 주에 아빠하고 (　　)를 갈 거예요.
□	～日	가족을 만나는 (　　)에 노란색 옷을 입을 거예요.
□	飛ぶ	새가 (　　)고 있어요.
□	天気	(　　)가 좋아요.
□	すらりとしている / スリムだ	그 여자는 (　　)요.
□	飛び回る	나비가 (　　)요.
□	日付	여행 (　　)를 정합시다.
□	他人	그 부부는 헤어져서 지금은 (　　)이 되었어요.
□	残す	음식을 (　　)지 마세요.
□	男女	저는 (　　)평등을 주장합니다.
□	余る	시간이 (　　)아서 산책했어요.
□	南大門(ナンデムン)	(　　) 시장에 가 보세요.
□	弟	저에게는 (　　)이 있어요.
□	南山 (ナムサン)	남자친구하고 (　　)에서 데이트했어요.
□	男子	우리 학교에는 (　　)가 더 많습니다.
□	南側	그 식당은 그 역의 (　　) 출구에서 가까워요.

117

□	夫	저에게는 (　　)이 있습니다.
□	男子学生	(　　)한테서 초콜릿을 받았어요.
□	治る	약을 먹고 감기가 (　　)았어요.
□	優れている / 良い	이 옷보다 저 옷이 더 (　　)습니다.
□	昼	(　　)에는 많이 더워요.
□	低い	저 빌딩은 (　　)요.
□	昼寝	일요일에는 (　　)을 잘 수 있습니다.
□	私 / 俺 / 僕 / 我 / 自分	우리 반에서 (　　) 키가 제일 큽니다.
□	内科	배가 아파서 (　　)에 갔습니다.
□	来年	(　　)에는 반드시 취직하고 싶어요.
□	出す / 提出する	내일까지 숙제를 (　　)세요.
□	下がる / 下りていく	저는 계단으로 (　　)니다.
□	下りてくる / 下る	이쪽으로 (　　)세요.
□	下りる / 下る / 降る	오늘은 비가 많이 (　　)요.
□	内容	수업 (　　)이 어려워서 머리가 아파요.
□	明日	(　　) 시험이 있어요.
□	鍋	일본에는 겨울에 (　　)요리를 먹는 집이 많아요.
□	匂い	친구한테서 좋은 (　　)가 나요.
□	冷麺	한국 (　　)하고 일본 (　　)은 맛이 달라요.
□	冷蔵庫	(　　)에 뭐가 들어있어요?
□	お前 / 君	나는 (　　)를 좋아해.
□	度を越して / あまり	물가가 (　　) 많이 올랐어요.
□	君たち / お前たち	(　　)는 뭐가 먹고 싶어?
□	広い	집이 매우 (　　)요.
□	超える / あふれる / 過ぎる	벌써 점심시간이 (　　)었어요.

□	倒れる / 転ぶ	(　　)서 다리를 다쳤어요.
□	入れる	책과 노트를 가방에 (　　)었어요.
□	お前 / 君	(　　)가 먼저 들어가.
□	4 / 4つの	교실에 학생이 (　　) 명 모여 있어요.
□	はい / ええ	아이가 "(　　)" 하고 대답을 했어요.
□	ネクタイ	아빠께 (　　)를 사 드렸어요.
□	4つ目	(　　) 시간에 그 친구를 만날 거예요.
□	年	오늘은 이천이십사(　　) 칠월 십삼일이에요.
□	黄色	(　　)을 좋아해서 (　　) 옷이 많이 있어요.
□	黄色い	초등학교 때 (　　)색 모자를 쓰고 학교에 갔어요.
□	歌	제 취미는 (　　) 부르기예요.
□	カラオケ	어제 (　　)에 가서 노래를 불렀어요.
□	努力	열심히 (　　)하고 있는 그 친구를 좋아해요.
□	老人	우리는 (　　)을 공경해야 해요.
□	ノート	(　　)에 쓰세요.
□	緑色	(　　)은 눈 건강에 좋다고 했어요.
□	緑茶	저는 커피보다 (　　)를 더 좋아해요.
□	遊ぶ	친구와 (　　)고 싶어요.
□	驚く / びっくりする	갑자기 전화가 와서 깜짝 (　　)어요.
□	遊びごと	친구하고 무슨 (　　)를 했어요?
□	バスケットボール	어제는 친구들하고 (　　)를 했어요.
□	冗談	(　　)하지 마세요.
□	高い	후지산은 매우 (　　)요.
□	高さ	후지산 (　　)는 얼마나 돼요?
□	高く	새가 하늘 (　　) 날아갔어요.

119

□	置く	책상 위에 책을 (　　)았어요.
□	だれ / どんな人	이 신발은 (　　)의 것이에요?
□	姉 (弟からの呼称)	우리 (　　)는 회사원이에요.
□	押す / 押さえる	버튼을 (　　) 주세요.
□	目	그 남자는 (　　)이 예뻐요.
□	雪	홋카이도에는 (　　)이 많이 와요.
□	涙	슬픈 영화를 봐서 (　　)이 났어요.
□	横たわる / 横になる	피곤해서 (　　)고 싶어요.
□	ニュース	저는 매일 스포츠 (　　)를 봐요.
□	感じる	바람이 불어서 가을을 (　　)요.
□	感じ / 感想	이 쇼파는 (　　)이 좋아요.
□	遅い / ゆるい / のろい	나는 걸음이 (　　)지 않고 빨라요.
□	いつも / 常に	선생님은 (　　) 안경을 끼고 있어요.
□	伸びる	남자친구는 한국어 능력이 (　　)었어요.
□	年を取る / 老いる	그 배우는 아름답게 (　　)었어요.
□	能力	선배는 한국어 (　　)이 대단해요.
□	遅い	약속시간에 십 분정도 (　　)었어요.

120

ㄷ

□	皆 / すべて	우리 반 학생들은 (　　) 일본사람이에요.
□	行ってくる	학교에 (　　)겠습니다.
□	通う	저는 대학교에 (　　)요.
□	異なる	나는 그 사람과 생각이 (　　)요.
□	足	나는 (　　)가 짧지만 친구는 (　　)가 길어요.
□	橋	(　　)를 건너서 친구집에 갔어요.

121

□	アイロンがけ	(　　)은 어려워요.
□	5つ / 5	친한 친구가 (　　) 명 있어요.
□	5番目	저는 형제중에서 (　　)예요.
□	もう一度	(　　) 한 번 말씀해 주시겠어요?
□	多様だ / いろいろな	저는 (　　) 색의 볼펜으로 공부를 해요.
□	次	(　　)에 또 만나요.
□	次の日	그 남자를 (　　)에 또 만났어요.
□	ダイエット	저는 (　　)에 성공한 적이 없어요.
□	けがする	다리를 (　　)서 입원했어요.
□	尽くす / 尽きる	제 힘을 (　　)서 친구를 도와 주고 싶어요.
□	磨く	선생님은 매일 아침 구두를 (　　)요.
□	単純	그 일은 (　　)한 일이 아니에요.
□	単語	(　　)를 많이 외워야 해요.
□	ボタン	(　　)가 떨어졌어요.
□	もみじ / 紅葉	(　　)이 아름다운 곳에서 사진을 많이 찍었어요.
□	閉める	창문 좀 (　　) 주시겠어요?
□	～月	다음 (　　)에 서울에서 남자친구를 만날 거예요.
□	卵	엄마는 (　　)을 하루에 두 개씩 드십니다.
□	甘い	설탕은 (　　)고 소금은 짜요.
□	カレンダー	요즘은 스마트폰 (　　)을 사용하고 있어요.
□	走り	운동회에서 친구들과 (　　)를 했어요.
□	走る	수업에 늦어서 학교를 향해서 (　　)렸어요.
□	鶏	새벽에 (　　)이 울었어요.
□	鶏肉	(　　)로 양념치킨을 만들어요.
□	似る	저는 아빠를 (　　)았어요.

122

□	タバコ	형은 (　　)를 많이 피웁니다.
□	答え	문제의 (　　)을 몰라요.
□	重苦しい / もどかしい / 気がかりだ	가슴이 (　　)서 창문을 열었습니다.
□	返事	친구에게 메일을 보냈는데 (　　)이 아직 안 와요.
□	～台	주차장에 자동차가 다섯 (　　) 있어요.
□	返事	선생님이 질문을 해서 (　　)을 했어요.
□	大部分	(　　)의 시간을 학교에서 보내고 있습니다.
□	大使館	도쿄에는 대한민국 (　　)이 있어요.
□	大学	(　　)에 들어가려고 열심히 공부하고 있어요.
□	大学生	(　　)들이 자주 가는 카페에 가서 공부를 했어요.
□	大学院	대학교를 졸업하고 (　　)에 들어갈 거예요.
□	対話	선생님과 (　　)를 나누고 싶어요.
□	大会	한국어 말하기 (　　)에서 우승했습니다.
□	宅	선생님 (　　)은 어디세요?
□	もっと / さらに	그 사람은 저보다 키가 (　　) 커요.
□	汚い	손이 (　　)서 씻었어요.
□	もっと / さらに	지금보다 (　　)더 열심히 공부하고 싶어요.
□	おかげ	부모님 (　　)에 학교에 다닐 수 있었습니다.
□	なげる	공을 (　　)서 패스했어요.
□	暑い	너무 (　　)서 에어컨을 켰어요.
□	連れていく	콘서트에 친구를 (　　)고 싶어요.
□	連れてくる	우리집에 친구를 (　　)고 싶어요.
□	デート	주말에 여자친구와 (　　)를 했어요.
□	～度	오늘은 삼십오 (　　)예요.
□	道路	(　　)가 막혀서 늦었어요.

123

□	図書館	책을 빌리려고 (　　)에 가요.
□	都市	(　　)는 시골보다 공기가 좋지 않아요.
□	助ける / 手伝う	지금까지 (　　)서 감사합니다.
□	助け / 手助け	이벤트에는 (　　)이 많이 필요해요.
□	到着 / 着く	학교에 몇 시에 (　　)했어요?
□	読書	제 취미는 (　　)예요.
□	ドイツ	지금 (　　)에서는 맥주축제를 하고 있습니다.
□	お金	(　　)을 모아서 여행을 가고 싶어요.
□	とんかつ	일본 (　　)는 맛있어요.
□	石	길에 (　　)이 많이 있어요.
□	回る	남자친구와 공원을 (　　)면서 이야기를 했습니다.
□	返す	도서관에 책을 (　　)줬어요.
□	回す	볼펜을 (　　) 수 있어요?
□	帰る / 帰っていく	한국어 선생님은 어제 한국으로 (　　)갔어요.
□	帰る / 帰ってくる	오빠가 밤 열한 시에 집으로 (　　)요.
□	手伝う	(　　) 주세요.
□	町 / 町内	이 (　　)에서 태어났어요.
□	東大門(トンデムン)	(　　)은 서울에 있어요.
□	動物	어떤 (　　)을 좋아해요?
□	動物園	우에노 (　　)에 가 본 적 있어요?
□	弟 / 妹	저는 (　　)이 없어요.
□	同時	한국어와 영어 숙제를 (　　)에 했다.
□	あいだ	며칠 (　　) 비가 내리고 있어요.
□	コイン / 小銭	백 원짜리 (　　) 좀 빌려주세요.
□	東側	우리 학교는 역 (　　)에 있어요.

124

☐	豚	시골에서 (　　)를 봤어요.
☐	豚肉	닭고기보다 (　　)를 더 좋아해요.
☐	～になる	저는 가수가 (　　)고 싶어요.
☐	味噌	(　　)으로 (　　)찌개를 만들었어요.
☐	味噌チゲ	오늘 점심에 (　　)를 먹을 거예요.
☐	2 / 2つの	누나가 (　　) 명 있어요.
☐	厚い	책이 (　　)요.
☐	置く	책상 위에 책을 (　　)었어요.
☐	豆腐	(　　)를 좋아해요.
☐	2つか3つの	아르바이트를 (　　) 개 하고 있어요.
☐	頭痛	(　　)이 심해서 약을 먹어야 해요.
☐	2つ / 2	그 사람은 (　　)도 없는 내 친구예요.
☐	2番目の	(　　) 오빠는 작년에 결혼했어요.
☐	後ろ	내 (　　)에 고양이가 있어요.
☐	後ろ側 / 裏側	학교 (　　)에 주차장이 있어요.
☐	とうとう / ついに	시험이 (　　) 끝났습니다.
☐	ドラマ	한국 (　　)는 대부분 이야기가 비슷하지만 재미있어요.
☐	差し上げる	부모님께 용돈을 (　　)고 싶어요.
☐	聞く	요즘 어떤 음악을 즐겨 (　　)고 있습니까?
☐	かかる	유학을 가려면 돈이 많이 (　　)요.
☐	持つ	가방을 (　　)고 학교에 가요.
☐	寄る	편의점에 (　　) 다음에 집에 갔어요.
☐	聞こえる	지금 무슨 소리가 (　　)요?
☐	入っていく	교실에 (　　)서 선생님께 인사를 했어요.
☐	入ってくる	제 방에 (　　)지 마세요.

125

□	背中 / 背筋	(　　)을 펴고 앉으세요.
□	登山	저는 매주 (　　)을 해요.
□	デザイン	친구의 가방은 (　　)이 특이해요.
□	暖かい	온돌방은 (　　)요.
□	別に	친구와 여행을 가서 (　　) 잤어요.
□	娘	언니에게는 (　　)이 한 명있어요.
□	いちご	봄에는 (　　)가 맛있어요.
□	汗	그 선생님은 (　　)을 많이 흘려요.
□	土地 / 土	아버지께서는 정년퇴직을 하신 후에 시골에 있는 (　　)에 집을 짓고 산다고 하셨어요.
□	～とき	고등학생 (　　) 그 친구와 만났어요.
□	離れる / 発つ	그 사람은 나를 (　　)서 서울로 갔어요.
□	騒ぐ	친구들이 교실에서 (　　)서 공부를 못 했어요.
□	餅	엄마가 (　　)을 만들어 주셨어요.
□	トック(雑煮)	한국에서는 설날에 (　　)을 먹어요.
□	トッポッキ	(　　)는 매워서 못 먹어요.
□	落ちる	책이 책상 위에서 (　　)졌어요.
□	また	그 여자한테서 (　　) 전화가 왔어요.
□	または	그 여자 (　　) 그 남자가 여기에 올 거예요.
□	まったく同じだ	이 옷은 친구의 옷이랑 (　　)요.
□	まったく同じく	저는 누나랑 (　　) 생겼어요.
□	はっきりしている / 明確だ / 優秀な頭をしている / 賢い	저는 (　　) 사람을 좋아해요.
□	まっすぐに	이 길을 (　　) 걸어가면 학교가 있어요.
□	体が太っている	저 사람은 (　　)요.
□	走る	저는 매일 운동장을 (　　)요.
□	走っていく	그 친구는 건강을 위해서 회사까지 (　　)요.

126

□	熱い	국이 (　　)서 아직 못 먹어요.
□	開ける / 開く	눈을 (　　)고 나를 보세요.
□	意味	그 단어의 (　　)은 뭐예요?

127

ㄹ

□	ラジオ	저는 매일 아침 (　　)를 들어요.
□	ラーメン	집에서 (　　)을 먹었어요.
□	ロシア	(　　)에 가 본 적 있어요?
□	レストラン	친구와 (　　)에서 만날 거예요.

128

ㅁ

□	庭	(　　)이 넓어서 좋아요.
□	乾く	날씨가 좋아서 빨래가 벌써 다 (　　)어요.
□	～匹 / ～頭	우리집에 강아지가 한 (　　) 있어요.
□	飲む	하루에 물을 몇 잔 (　　)요?
□	町 / 村	우리 (　　)에 교회가 있어요.
□	心	그 사람은 (　　)이 따뜻해요.
□	出迎え	역으로 친구를 (　　) 가야 해요.
□	最後 / 終わり	오늘이 그 선생님의 (　　) 수업이에요.
□	終わる / 終える	일을 (　　) 후 쇼핑 갈 거예요.
□	スーパー	야채를 사러 (　　)에 갔어요.
□	40歳	엄마는 (　　) 살이에요.
□	マッコリ	(　　)를 먹어 본 적 있어요?
□	詰まる	길이 (　　) 늦었어요.
□	万(10,000)	이 옷은 오 (　　)원이에요.

129

□	会う	친구를 (　　)서 영화를 보러 갔어요.
□	餃子	저는 일본 (　　)를 좋아해요.
□	作る	음식을 (　　)서 친구를 초대했어요.
□	万が一 / もし	(　　) 비가 오면 여행은 안 갈 거예요.
□	万が一 / もし	(　　)을 대비해서 비상식품을 샀어요.
□	触る	귀여운 아기의 얼굴을 (　　)어요.
□	漫画	버스 안에서 (　　)를 읽었어요.
□	多い / たくさんだ	우리집에는 책이 (　　)요.
□	多く / たくさん	형제가 (　　) 있어서 좋아요.
□	話	피곤해서 (　　)을 하고 싶지 않아요.
□	馬	저는 (　　)을 타 본 적 없어요.
□	末	이번 달 (　　)에 친구가 일본에 와요.
□	中断する / 途中でやめる	여기에서 담배를 피우지 (　　)고 저기에서 피우세요.
□	マレーシア	(　　)에서 친구를 만났어요.
□	お話 / お言葉	어머님의 (　　)을 듣고 울었어요.
□	清い / 澄んでいる	공기가 (　　)서 기분이 좋아요.
□	味	그 케이크 (　　)은 매우 달아요.
□	おいしくない	그 편의점 도시락은 (　　)요.
□	おいしい	이번 주말에는 (　　)는 요리를 만들 거예요.
□	合う / 正しい	그 친구의 생각이 (　　)습니다.
□	合わせる	시험을 본 후 친구와 답을 (　　) 봤어요.
□	毎年 / 年ごと	(　　) 여름에 가족들과 여행을 가요.
□	結ぶ	머리를 (　　)고 학교에 갔어요.
□	毎月	(　　) 한 번씩 병원에 가요.
□	とても / たいへん	여자친구를 만나서 (　　) 기뻐요.

130

□	毎日	우리는 (　　) 한국어 공부를 해요.
□	毎週	(　　) 일요일에는 공원에서 산책을 해요.
□	切符売り場	극장 (　　)에서 영화 티켓을 두 장 샀어요.
□	ビール	한국에서는 치킨과 (　　)를 '치맥'이라고 해요.
□	辛い	떡볶이는 (　　)요.
□	頭	그 사람은 (　　)가 좋아요.
□	髪の毛	그 남자는 (　　)이 긴 여자를 좋아해요.
□	食べる	무엇을 (　　)고 싶어요?
□	まず / 先に	(　　) 타세요.
□	遠い	그 학교는 우리집에서 너무 (　　)서 이 학교에 왔어요.
□	遠く / はるか (に)	여름휴가 때 (　　) 여행을 갈 예정이에요.
□	止まる / 止む	공부는 (　　)지 말고 계속해야 해요.
□	おしゃれ	데이트가 있어서 (　　)을 냈어요.
□	素晴らしい / すてきだ	그 사람은 정말 (　　)요.
□	メニュー	(　　) 좀 주세요.
□	背負う	가방을 (　　)고 등산을 가요.
□	メモ	약속을 잊지 않으려고 수첩에 (　　)했어요.
□	メッセージ	전화를 안 받아서 (　　)를 남겼어요.
□	メール	선생님께 (　　)을 보냈습니다.
□	何日	생일이 몇 월 (　　)이에요?
□	～名	친구가 다섯 (　　) 있어요.
□	節句 (秋夕、正月など)	추석은 한국의 (　　)이에요.
□	何 / いくつ	책이 (　　) 권 있어요?
□	蚊	(　　)가 많아서 잠을 못 잤어요.
□	皆 / すべて	우리는 (　　) 일본사람입니다.

□	すべての	저는 (　　) 사람들을 사랑합니다.
□	あさって	우리 가족은 (　　) 소풍을 갈 예정입니다.
□	知らない	저는 한국 역사에 대해서 잘 (　　)요.
□	姿 / 影	오랜만에 만난 그 친구의 (　　)은 변하지 않았어요.
□	お世話する / 仕える	저는 부모님을 (　　)고 살고 있어요.
□	形 / 外見	내 가방은 네모 (　　)이에요.
□	集める	저는 머그컵을 (　　)고 있어요.
□	集まる	돈이 (　　)면 해외여행을 갈 거예요.
□	集まり	오늘 밤에는 초등학교 때 친구들과 (　　)이 있어요.
□	帽子	할머니들이 (　　)를 쓰고 등산을 하고 있었어요.
□	足りない	돈이 (　　)서 그 옷을 못 샀어요.
□	首	제 친구는 (　　)이 길어서 예뻐요.
□	ネックレス	생일에 (　　)를 선물 받고 싶어요.
□	マフラー	추워서 (　　)를 하고 회사에 갔어요.
□	声	제 친구는 (　　)가 예뻐서 성우가 되었어요.
□	木曜日	매주 (　　)에 한국어 수업이 있어요.
□	入浴	일요일에는 집에서 (　　)을 할 거예요.
□	風呂屋 / 銭湯	저는 매주 일요일에 (　　)에 갔는데 지금은 안 가요.
□	目的	학교에 온 (　　)이 뭐예요?
□	体	당신의 (　　) 중에서 가장 자신있는 부분은 어디예요?
□	(不可能な意を表す)	저는 술을 (　　) 마셔요.
□	醜い	오늘 아침에 (　　) 강아지를 봤는데 귀여웠어요.
□	できない	저는 프랑스어를 (　　)요.
□	モンゴル	(　　)에서 온 친구하고 한국식당에 갔어요.
□	大根	(　　)로 깍두기를 만들었어요.

132

□	重い	가방이 (　　)서 힘들었어요.
□	重さ	공항에서 가방의 (　　)를 달았어요.
□	ムクゲ	한국의 국화는 (　　)입니다.
□	無料	그 식당은 김치를 (　　)로 먹을 수 있어요.
□	膝	할머니는 (　　)이 아파서 병원에 가셨어요.
□	怖い	밤에 (　　) 이야기를 들었어요.
□	何の / どんな / どういう	(　　) 요일을 좋아해요?
□	何 / なん	아침에 (　　)을 먹었어요?
□	たいへん / 非常に	어머니는 노래를 (　　) 잘 하십니다.
□	ドア	친구가 와서 (　　)을 열어 주었어요.
□	問題	그 (　　)는 너무 어려웠어요.
□	文化	저는 한국 (　　)에 관심이 많아요.
□	尋ねる	서울에서 길을 (　　) 봤어요.
□	水	목이 말라서 (　　)을 마셨어요.
□	品物	편의점에는 여러가지 (　　)들이 많이 있어요.
□	魚	집에서 (　　)를 키우고 있어요.
□	もちろん	(　　) 그 사람을 잘 알고 있죠.
□	尋ねてみる	그 사람의 취미를 (　　)고 싶어요.
□	何 / 何か	이게 (　　)예요?
□	アメリカ	우리 영어 선생님은 (　　)사람이에요.
□	滑る	눈이 오는 날에는 (　　)지 않도록 조심하세요.
□	未来	저의 (　　)에 대해서 생각해 봤어요.
□	あらかじめ / 前もって / 事前に	수업 전에 (　　) 예습을 했어요.
□	美術館	도쿄에는 (　　)이 많이 있어요.
□	すまない	(　　)합니다.

133

☐	ワカメスープ	한국에서는 생일날에 (　　)을 먹어요.
☐	美容室	다음 주 일요일에 (　　)에 갈 거예요.
☐	メートル	백 (　　)를 몇 초에 달립니까?
☐	信じる	제 말을 (　　) 주세요.
☐	小麦粉	저는 (　　) 음식을 싫어해요.
☐	押す	문을 (　　)고 들어갔어요.
☐	下	책상 (　　)에 고양이가 있어요.

134

ㅂ

☐	外	(　　)은 추워서 안에 있어요.
☐	外側	창문 (　　)에는 눈이 쌓여 있었어요.
☐	代える / 交換する	엔을 원으로 (　　)었어요.
☐	替わる / 替える	한국어 선생님이 (　　)었어요.
☐	バナナ	(　　)를 하루에 한 개씩 먹어요.
☐	海	여름방학 때 친구와 (　　)에 갔어요.
☐	表面 / 床	책이 (　　)에 떨어졌어요.
☐	浜辺 / 海辺	(　　)에 앉아서 친구와 이야기를 했어요.
☐	願う	꼭 합격하기를 (　　)니다.
☐	見渡す / 眺める	하늘을 (　　)면서 아버지를 생각했어요.
☐	風	(　　)이 강해서 우산이 날아갔어요.
☐	まっすぐ	일이 끝나면 (　　) 집에 갈 거예요.
☐	紙を貼る / 化粧品等を塗る	매일 밤에 영양크림을 (　　)요.
☐	忙しい	너무 (　　)서 친구를 못 만났어요.
☐	バイオリン	친구는 (　　)을 배우고 있어요.
☐	ズボン	여자는 치마와 저고리를 입고 남자는 (　　)와 저고리를 입어요.

135

□	博物館	이집트에서 (　　)에 갔어요.
□	拍手	멋진 공연이었기 때문에 오랫동안 (　　)를 쳤어요.
□	外	아이들이 (　　)에서 놀고 있어요.
□	半分	다이어트 중이라서 빵을 (　　)만 먹었어요.
□	クラス	다른 (　　) 친구들과 여행을 갔어요.
□	出会って懐かしい / 喜ばしい	오랜만에 친구를 만나서 (　　)어요.
□	反対	내 의견에 (　　)하는 사람은 없었어요.
□	必ず	올해는 (　　) 토픽 삼 급에 합격하겠습니다.
□	半ズボン	그 사람은 겨울에도 (　　)를 입어요.
□	リング	남자친구가 저에게 (　　)를 주었어요.
□	おかず / 惣菜	한식에는 (　　)이 많아요.
□	受ける / 取る / もらう	졸업식에서 상을 (　　)어요.
□	書き取る	내일 한국어 수업에서 (　　)기가 있어서 공부해야 해요.
□	足	그 농구선수의 (　　)은 매우 컸어요.
□	足の指	나는 엄마와 (　　)이 닮았어요.
□	足の裏	피곤할 때는 (　　) 마사지를 해요.
□	明るい	내 방은 창문이 커서 아주 (　　)요.
□	夜	남자친구는 (　　)에 아르바이트를 해요.
□	ご飯	(　　)을 싫어하는 사람도 있어요.
□	部屋	제 (　　)은 좁아서 큰 (　　)으로 이사하고 싶어요.
□	たった今	그 사람은 (　　) 퇴근했어요.
□	部屋の戸	추워서 (　　)을 닫았어요.
□	訪問	선생님께서 우리집을 (　　)하셨어요.
□	方法	그 기계의 사용 (　　)을 아세요?
□	放送	한국어 공부를 하려고 한국 (　　)을 들어요.

136

□	放送局	아이돌을 만나고 싶어서 (　　)에 갔어요.
□	学校の長期の休み	여름(　　) 때 친구와 여행을 가려고 합니다.
□	方向	산에서는 (　　)을 잃어버리지 마세요.
□	おなか	(　　)가 아파서 학교에 못 갔어요.
□	船	(　　)로 세계여행을 하고 싶어요.
□	梨	가을에는 (　　)가 맛있어요.
□	～倍	일본의 국토는 한국보다 삼.팔 (　　) 정도 커요.
□	配達	집에서 자장면을 (　　)시켜서 맛있게 먹었어요.
□	バドミントン	중학교 때 (　　)을 했어요.
□	俳優	친구는 (　　)가 되고 싶다고 했어요.
□	学ぶ	한국어를 (　　)고 싶어서 학교에 입학했어요.
□	白菜	(　　)로 김치를 만들어요.
□	腹痛 / 食あたり	(　　)이 나서 병원에 갔어요.
□	百(100)	그 라면은 팔(　　) 엔이에요.
□	百貨店 / デパート	(　　)에서 여름 세일을 하고 있었어요.
□	蛇	저는 (　　)을 싫어해요.
□	癖	그 사람은 다리를 떠는 (　　)이 있어요.
□	捨てる	주말에 청소를 하고 쓰레기를 (　　)요.
□	バス	(　　)를 갈아타고 학교에 갔어요.
□	～番	십삼 (　　) 버스를 타면 그 곳에 갈 수 있어요.
□	～番の / ～度目の	그 콘서트에 내가 첫(　　)로 예약을 했어요.
□	番号	비행기 예약 (　　)를 메모했어요.
□	～着 / セット / 一式	백화점에서 겨울 옷을 두 (　　) 샀어요.
□	稼ぐ	돈을 많이 (　　)서 유학을 가고 싶어요.
□	もう / すでに	(　　) 일 년이 다 지나가 버렸어요.

137

□	脱ぐ	아들은 옷을 ( )고 샤워를 했어요.
□	ベトナム	하노이는 ( )의 수도예요.
□	壁	사진을 ( )에 걸었어요.
□	前と異なる / 変わる	오랜만에 만난 그 친구는 많이 ( )어요.
□	弁護士	누나는 ( )랑 결혼했어요.
□	星	그 섬에서는 ( )을 많이 볼 수 있었어요.
□	別に / さほど	날씨가 좋아서 등산은 ( ) 힘들지 않았어요.
□	病気	우리 고양이가 ( )에 걸려서 밤에 잠을 못 잤어요.
□	瓶	그 아저씨는 ( )을 주워서 팔았어요.
□	お見舞い	할아버지가 입원해 계셔서 ( )을 갔어요.
□	病院	제 친구는 ( )에서 일을 하고 있어요.
□	送る	좋아하는 가수에게 편지를 ( ) 거예요.
□	見る	그 호텔에서는 후지산을 ( ) 수 있어서 기분이 좋았어요.
□	より	그 분은 저( ) 키가 커요.
□	紫色	제 친구는 ( ) 안경을 꼈어요.
□	見える	우리집에서 후지산이 ( )니다.
□	見せる	겨울방학 때 찍은 사진을 친구에게 ( ) 줬어요.
□	普通	( ) 몇 시에 일어나요?
□	復習	매일 집에 가서 ( )을 할 거예요.
□	複雑だ / 混雑する	저녁에는 길이 ( )니까 아침에 출발합시다.
□	炒める / 煎る	야채를 ( )서 반찬을 만들었어요.
□	炒めご飯 / チャーハン	오늘은 점심으로 ( )을 먹었어요.
□	ボールペン	이 서류는 까만색 ( )으로 써야 합니다.
□	春	( )에는 벚꽃 사진을 찍을 거예요.
□	封筒	친구가 준 ( ) 안에 예쁜 편지가 있었어요.

138

□	お目にかかる / お会いする	초등학교 때 선생님을 ( )고 싶습니다.
□	恥ずかしい	사람들이 많이 있는 곳에서는 ( )서 말을 못해요.
□	柔らかい / 感触がいい	할머니께 ( ) 과자를 드렸어요.
□	羨ましい	키도 크고 예쁜 친구가 ( )요.
□	呼ぶ	친구 이름을 ( )도 친구는 돌아보지 않았어요.
□	いっぱいだ	점심식사를 너무 많이 해서 배가 ( )요.
□	両親	그 남자는 여자친구의 ( )께 인사를 드렸어요.
□	夫婦	그 사람들은 삼 년 동안 사귄 후 ( )가 되었어요.
□	部分	어려운 ( )은 나중에 하고 쉬운 ( )을 먼저 하세요.
□	釜山(プサン)	작년 여름에 ( )에 있는 대학교에 갔어요.
□	台所	저는 요리를 좋아해서 ( )에 있는 시간이 많아요.
□	婦人	사장님의 ( )은 정말 아름다워요.
□	お金持ち	( )가 모두 행복한 것은 아니에요.
□	部長	우리 ( )님의 취미는 등산이에요.
□	不足する	아르바이트를 많이 해서 공부할 시간이 ( )해요.
□	勤勉だ / まめまめしい	( ) 사람이 성공할까요?
□	届ける / 出す / 送る	옛날 친구에게 오랜만에 편지를 ( )어요.
□	依頼 / 頼み	( ) 좀 해도 될까요?
□	北側	우리학교는 역의 ( ) 출구에 있어요.
□	～方 / ～名様	몇 ( )을 예약하셨습니까?
□	～分	수업은 오전 아홉 시 이십 ( )에 시작합니다.
□	はっきりしている / 明らかだ	그 친구의 한국어 발음은 매우 ( )서 선생님께 칭찬을 받았어요.
□	粉料理	저는 ( ) 중에서 떡볶이를 제일 좋아해요.
□	雰囲気	그 커플은 ( )가 좋은 곳에서 데이트를 합니다.
□	ピンク色	어머니는 ( ) 한복을 입으셨습니다.

139

□	火	겨울에는 (　　)조심을 해야 합니다.
□	プルコギ	학교에서 (　　) 만드는 방법을 배웠어요.
□	吹く	바람이 (　　)서 빨래가 모두 떨어져 버렸어요.
□	かわいそうだ	주인이 없는 (　　) 고양이가 길에서 비를 맞고 있었어요.
□	不安だ	지진이 일어나서 (　　)요.
□	不便だ	(　　) 것이 있으면 말씀하세요.
□	赤い	남자친구가 (　　)은 장미를 선물해 줬어요.
□	つく / くっつく	가방에 귀여운 리본이 (　　)어 있어요.
□	つける / 貼る	우표를 (　　)서 우체통에 넣었어요.
□	ブラウス	(　　)가 잘 어울리는 그 여자는 참 아름다워요.
□	雨	(　　)가 그쳐서 소풍을 갔어요.
□	比較	저를 남하고 (　　)하지 마세요.
□	石鹸	식사를 하기 전에 (　　)로 손을 씻어야 해요.
□	空く	콘서트장에는 (　　) 자리가 없었어요.
□	ビデオ	연휴 동안 (　　)를 봤어요.
□	秘密	나하고의 (　　)을 지켜줄 수 있어요?
□	ビビンバ	한국사람들은 (　　)을 좋아해요.
□	似ている	그 사람과 나는 성격이 (　　)요.
□	高い	그 가방은 너무 (　　)서 못 샀어요.
□	飛行機	(　　) 안에서 영화를 봤어요.
□	ビル	도쿄에는 높은 (　　)이 많이 있어서 하늘이 보이지 않아요.
□	借りる	도서관에서 책을 (　　)요.
□	早い / 速い	그 친구의 걸음은 (　　)요.
□	落ちる / 抜ける	다이어트를 해서 오 킬로그램이나 (　　)어요.
□	赤色	올해는 (　　) 립스틱이 유행이에요.

140

□	赤い	(　　) 가방을 들고 있는 사람은 제 친구입니다.
□	洗う / 洗濯する	주말에 이 옷을 (　　) 거예요.
□	洗濯	날씨가 좋아서 오늘은 (　　)를 할 수 있어요.
□	早く / 速く	우리 선생님은 말을 너무 (　　) 해요.
□	パン	아침에는 (　　)을 먹어요.
□	パン屋	학교 앞에 (　　)이 생겼어요.
□	抜く / 取り除く	우리 교실에는 선생님을 (　　)고 모두 일본사람이에요.
□	抜く / 引き抜く	이번 겨울에는 대통령을 (　　)는 선거가 있어요.

141

ㅅ

□	4	'(　　)'를 싫어하는 사람들이 있어요.
□	十字路 / 交差点	내일 학교 앞 (　　)에서 만납시다.
□	四季	일본에는 봄 여름 가을 겨울 (　　)이 있습니다.
□	事故	어제 고속도로에서 교통(　　)가 일어났어요.
□	りんご	아오모리는 (　　)로 유명해요.
□	付き合う	지금 (　　)고 있는 사람의 직업은 뭐예요?
□	買う	명동에서 겨울 옷과 신발을 많이 (　　)어요.
□	人	그 (　　)은 어느 나라 (　　)이에요?
□	愛	(　　)해요.
□	事務室 / オフィス	아빠는 지금 (　　)에 계세요.
□	事実 / 本当	그 말이 (　　)이에요?
□	40	그 선생님은 일본에서 (　　) 년 동안 살고 있어요.
□	事業 / ビジネス	저는 졸업한 다음에 (　　)을 하고 싶어요.
□	使用	화장실을 (　　)해도 될까요?
□	4月	일본에는 (　　)에 입학식이 있어요.

142

□	間	스타벅스와 그 식당 (　　)에는 술집이 있어요.
□	サイダー	가끔 (　　)가 마시고 싶어질 때가 있어요.
□	サイズ	티셔츠 (　　)가 어떻게 되세요?
□	社長	우리 (　　)님은 내일 도쿄로 출장을 갑니다.
□	辞書	전자(　　)으로 모르는 단어를 찾았어요.
□	写真	날씨가 좋아서 공원에서 (　　)을 찍었어요.
□	飴	조카에게 (　　)을 사 줬어요.
□	3日 / 3日間	친구하고 (　　)동안 한국여행을 갔다왔어요.
□	山	아버지는 매일 (　　)에 가십니다.
□	散策 / 散歩	공원을 (　　)하면서 새로운 아이디어를 생각했어요.
□	肉 / 身の中身	가을이 되면 (　　)이 쪄요.
□	～歳	딸은 세 (　　)이고 아들은 일곱 (　　)이에요.
□	生きる	형은 결혼해서 행복하게 (　　)고 있어요.
□	3	교실은 (　　) 층에 있어요.
□	三叉路	(　　)에 있는 그 식당이 맛있어요.
□	サムギョプサル	한국사람들은 (　　)을 좋아해요.
□	サムゲタン	한국사람들은 여름에 (　　)을 먹어요.
□	30	이번 달은 (　　)일까지 있어요.
□	3月	제 생일은 (　　) 십삼일이에요.
□	父の兄弟(伯父 / 叔父)	(　　)은 술을 좋아하세요.
□	賞	친구는 졸업식 때 (　　)을 받았어요.
□	箱	책을 (　　)에 넣은 다음 보관했어요.
□	傷	얼굴에 (　　)가 생겨서 병원에 가야 해요.
□	サンチュ	삼겹살을 먹을 때는 (　　)가 필요해요.
□	商品	그 회사에서는 어떤 (　　)을 개발하고 있어요?

143

☐	鳥	아침에 (　　) 소리를 들으면서 일어났어요.
☐	新しい / 新～	(　　) 가방을 사고 싶어요.
☐	新たに	(　　) 산 냉장고가 고장이 났어요.
☐	新しい / 初めてだ	친구는 또 (　　) 옷을 샀어요.
☐	夜明け	(　　)에 일어나서 조깅을 했어요.
☐	新年	(　　)에 새로운 수첩을 샀어요.
☐	色 / 色彩	어떤 (　　)을 좋아하세요?
☐	色 / 色彩	올해는 무슨 (　　)이 유행이에요?
☐	サンドイッチ	점심에는 (　　)를 먹었어요.
☐	考え / 思い / 意見	커피를 마시면서 그 사람을 (　　)하고 있어요.
☐	思いつく / 思い出す	가을에는 그 사람이 (　　)요.
☐	できる / 生じる	우리 학교 옆에 새로운 건물이 (　　)어요.
☐	(食べ物としての) 魚	무슨 (　　)을 제일 좋아하세요?
☐	お誕生日	어머니 (　　) 때 선물을 하려고 돈을 찾았어요.
☐	誕生日	동생 (　　)에는 동생과 함께 식사를 할 거예요.
☐	生活	직장 (　　)에서 인간관계가 제일 어려워요.
☐	シャワー	아빠는 동생과 함께 (　　)를 해요.
☐	3 つか 4 つの	겨울에 친구 (　　) 명과 여행을 가려고 해요.
☐	立つ	아기가 오늘부터 (　　)서 걷기 시작했어요.
☐	急ぐ / あせる / 慌てる	친구와 약속이 있어서 (　　)서 집을 나갔어요.
☐	引き出し	(　　) 안에는 가족사진이 있어요.
☐	お互い / 双方	그 사람과 (　　) 잘 아세요?
☐	書類	사장님은 (　　)에 사인을 했어요.
☐	30	저는 (　　) 살에 결혼하고 싶어요.
☐	サービス	그 호텔은 (　　)가 좋아서 또 이용하고 싶어요.

144

□	西洋	친구는 (　　)문화를 전공했어요.
□	ソウル	남산에서 보는 (　　) 야경은 아름다웠어요.
□	書店	주말에 (　　)에서 책을 두 권 샀어요.
□	西側	우리 회사는 역의 (　　) 출구에서 가까워요.
□	混ぜる	쌀에 콩을 (　　)서 밥을 지었어요.
□	プレゼントする	친구의 생일날 책을 (　　)했어요.
□	先輩	회사 (　　)가 일을 상세하게 가르쳐 줬어요.
□	先生	중학교 때 (　　)이 보고 싶어요.
□	涼しい	날씨가 (　　)서 기분이 좋아요.
□	選手	남자친구는 축구 (　　)예요.
□	選択する / 選ぶ	먹고 싶은 것이 많이 있어서 점심 메뉴를 (　　) 수 없어요.
□	扇風機	에어컨과 (　　)를 동시에 사용하고 있어요.
□	(食後の) 後片付け / 皿洗い	요리는 엄마가 하시고 (　　)는 제가 했습니다.
□	正月	(　　)에는 부모님께 세배를 합니다.
□	ソルロンタン	(　　)은 김치랑 같이 먹으면 맛있습니다.
□	説明	여행가서 가이드의 (　　)을 들었습니다.
□	砂糖	커피에 (　　)을 조금 넣고 마셔요.
□	島	제주도는 한국에서 가장 큰 (　　)이에요.
□	名残惜しい / 寂しい	오랜만에 만난 친구와 너무 빨리 헤어져서 (　　)요.
□	姓	그 사람의 (　　)은 김 씨입니다.
□	性格	그 여자는 예쁘고 (　　)도 좋아요.
□	成功	삼촌은 미국에서 사업에 (　　)했어요.
□	成績	(　　)이 나빠서 대학교에 가지 못 했어요.
□	お名前	(　　)이 어떻게 되세요?
□	3つ / 3	오후 (　　) 시 비행기로 한국에 갑니다.

145

□	歳	한국 남자는 이십 (　　)가 되면 군대에 가야 해요.
□	世界	동생의 취미는 (　　)지도를 보는 것입니다.
□	強い	그 남자는 힘이 (　　)서 인기가 있어요.
□	新年の挨拶	설날에는 (　　)를 하고 세뱃돈을 받습니다.
□	世の中	(　　)은 넓고 할 일도 많아요.
□	洗顔 / 洗面	아침에 일어나서 (　　)를 해요.
□	立てる / 止める	여기에 차를 (　　)지 마세요.
□	洗濯	오늘은 비가 와서 (　　)을 못 해요.
□	洗濯機	올해 봄에 (　　)를 새로 샀어요.
□	クリーニング店	아버지의 와이셔츠를 (　　)에 맡겼어요.
□	センター	우리 동네에 큰 쇼핑 (　　)가 생겼어요.
□	～センチメートル	그 배우의 키는 백팔십이 (　　)예요.
□	3つ	'하나, 둘, (　　)'을 한 다음에 사진을 찍었어요.
□	3番目	저는 (　　) 딸이에요.
□	牛	시골에 가서 (　　)를 본 적 있어요.
□	紹介	저의 여자친구를 (　　)하겠습니다.
□	牛肉	(　　)로 불고기를 만들었어요.
□	塩	(　　)이 없으면 요리를 만들 수 없습니다.
□	音	지금 무슨 (　　)가 들리세요?
□	小説	한국어로 유명한 (　　)을 읽고 싶어요.
□	消息 / 便り	군대에 간 형한테서 (　　)이 왔어요.
□	焼酎	한국사람들은 (　　)를 좋아합니다.
□	極めて大切だ / 貴重だ	(　　) 가족을 위해서 기도를 했어요.
□	ソファー	아버지는 (　　)에 누워서 잤어요.
□	小包	친구한테 (　　)를 보냈어요.

146

□	ピクニック / 遠足	날씨가 좋으면 (　　)을 갈 거예요.
□	消火剤(胃薬)	저녁식사를 한 다음에 (　　)를 먹었어요.
□	中 / 内	가방 (　　)에 뭐가 들어 있어요?
□	速度	고속도로에서 (　　)를 내서 운전했어요.
□	下着	여행 가방에 (　　)을 넣었어요.
□	手	저는 (　　)이 커요.
□	指	신랑은 신부의 (　　)에 반지를 끼워 줬어요.
□	孫娘	할머니는 (　　)를 안고 계세요.
□	お客	그 식당은 (　　)이 많이 있어서 예약을 해야 해요.
□	手のひら	약속을 잊지 않으려고 (　　)에 메모했어요.
□	ハンカチ	그 사람은 (　　)으로 땀을 닦았어요.
□	ソンピョン(秋夕に食べるお餅)	추석에는 가족들이 모여서 (　　)을 만들어요.
□	ショピング	그 친구는 돈이 생기면 (　　)을 해요.
□	タオル	(　　)을 갖고 온천에 갔어요.
□	苦労	오늘도 (　　)하셨어요.
□	すいか	여름방학 때 할머니 댁에 가서 가족들과 (　　)을 먹었어요.
□	怪しい	어젯밤에 (　　) 전화가 와서 바로 끊었어요.
□	手術	할아버지가 (　　)을 하셔서 병원에 계세요.
□	授業	오늘은 하루종일 (　　)이 있어서 피곤해요.
□	水泳	초등학교에 다닐 때 (　　)을 배웠어요.
□	水着	바다에 가기 전에 새로운 (　　)을 샀어요.
□	プール	(　　)은 일주일에 몇 번 정도 가세요?
□	水曜日	매주 (　　)에 보는 한국드라마는 너무 재미있어요.
□	スプーンと箸	숟가락과 젓가락을 '(　　)'라고 해요.
□	手帳	저는 매일 (　　)에 일기를 써요.

147

□	宿題	오늘은 ( )가 많이 있어서 일찍 못 자요.
□	スンドゥブチゲ	( )는 일본사람들도 좋아해요.
□	順序	한국어 수업에서 발표 ( )를 정했어요.
□	スプーン	한국사람들은 ( )으로 밥을 먹어요.
□	酒	( )을 좋아하세요?
□	飲み屋	그 곳에는 유명한 ( )이 많이 있어요.
□	数字	무슨 ( )를 제일 좋아하세요?
□	休む	( )는 날에는 뭐 하세요?
□	息をする	산에 올라가서 깊게 숨을 ( )어요.
□	50	아버지는 올해 ( ) 살이세요.
□	たやすい / 容易である / 簡単だ	그것은 저에게 ( ) 문제예요.
□	スーパーマーケット	( )에서 야채와 과일을 샀어요.
□	20	그 남자를 처음 만난 건 ( ) 살 때였어요.
□	20	언니는 ( )두 살이에요.
□	自ら / 自分で	딸은 이제 ( ) 목욕을 할 수 있어요.
□	セーター	날씨가 추워서 ( )를 입었어요.
□	スカーフ	나는 ( )를 좋아해요.
□	スケート	( ) 국가 대표 선수들이 훈련을 받고 있어요.
□	スキー	겨울방학 때 ( )를 타러 갈 거예요.
□	スキー場	( )에는 사람들이 많이 있어서 피곤했어요.
□	スター	한국 ( )들이 많이 출연하는 콘서트에 갔어요.
□	ストレス	콘서트에서 ( )를 풀었어요.
□	スパゲッティ	이탈리아에서 먹은 ( ) 맛은 잊을 수가 없어요.
□	スポーツ	그 남자는 ( ) 선수를 그만두고 샐러리맨이 되었어요.
□	悲しむ	그렇게 ( )지 마세요.

148

□	悲しい	많이 (　　)지만 지금은 울 수 없어요.
□	悲しみ	그 사람의 얼굴에 (　　)이 가득했어요.
□	習慣	나는 아침에 일어나서 커피를 마시는 (　　)이 있어요.
□	市	시즈오카 (　　)에 있는 온천에 다녀왔어요.
□	～時	몇 (　　)에 만날까요?
□	時間	너무 바빠서 그 사람을 만날 (　　)이 없어요.
□	時間割	학교에서 수업 (　　)를 받았어요.
□	時計	아빠의 (　　)를 지금은 내가 가지고 있어요.
□	田舎	아버지는 회사를 그만두고 (　　)에서 살고 계세요.
□	やかましい / うるさい	교실이 너무 (　　)서 공부를 할 수 없습니다.
□	市内	(　　)에서 친구를 만나기로 했어요.
□	酸っぱい	(　　) 레몬을 홍차에 넣고 마셨어요.
□	市民	서울에서 (　　)들이 모여서 데모를 했어요.
□	夫の母 (姑)	설날에 (　　)께 세배를 드렸어요.
□	涼しい	날씨가 (　　)서 공원을 산책했어요.
□	10月	우리 형의 생일은 (　　) 이십삼일이에요.
□	始まり	이제 (　　)입니다.
□	市場	어렸을 때 엄마와 (　　)에 자주 갔어요.
□	市庁	친구의 아빠는 (　　) 공무원이에요.
□	させる / やらせる	엄마는 동생에게 공부를 (　　)어요.
□	試験	이번 (　　)에서는 만점을 받고 싶어요.
□	家族	오빠가 결혼을 해서 새 (　　)가 생겼어요.
□	冷める / 冷える	(　　)은 커피는 마시고 싶지 않아요.
□	食堂	오늘은 한국 (　　)에 가서 점심을 먹을 거예요.
□	食パン	(　　)으로 맛있는 피자를 간단하게 만들었어요.

149

□	食事	요즘은 혼자 (　　)하는 사람들이 많아요.
□	酢	누나는 건강을 위해서 매일 (　　)를 먹어요.
□	食卓	우리 식구들은 (　　)에서 저녁식사를 해요.
□	食品	건강을 위해서 여러가지 종류의 (　　)을 먹어야 합니다.
□	履く	더워서 양말을 (　　)지 않았어요.
□	新郎	(　　)은 신부에게 행복을 약속했어요.
□	新聞	매일 아침에 (　　)을 읽으면서 출근해요.
□	靴	주말에 새 (　　)을 샀어요.
□	新婦	(　　)는 신랑에게 사랑을 약속했어요.
□	身分証	그곳은 (　　)이 없으면 들어가지 못 해요.
□	新鮮だ	(　　) 과일로 주스를 만들었어요.
□	申請する / 申し込む	올림픽 봉사를 하고 싶어서 (　　)했어요.
□	信号	횡단보도에서는 (　　)를 잘 보고 건너야 해요.
□	信号灯 / 信号機	학교 앞 (　　)에서 기다리고 있을게요.
□	新婚旅行	신랑 신부는 하와이로 (　　)을 갔어요.
□	積む	트럭에 짐을 (　　)고 이사를 해요.
□	失礼	(　　)가 안 되면 저 좀 도와 주시겠어요?
□	誤り / 間違い	한 번 (　　)는 용서할 수 있어요.
□	失敗	(　　)는 성공의 어머니.
□	嫌だ	그 사람이 (　　)은 이유는 많이 있어요.
□	嫌がる / 嫌う	한국사람 중에서 김치를 (　　)는 사람도 많이 있다.
□	植える	공원에 나무를 (　　)요.
□	退屈だ	(　　) 때 뭐 하세요?
□	激しい / 酷い	두통이 (　　)서 약을 먹었어요.
□	10	일본에 온 지 (　　)년이 되었어요.

150

□	十万(100,000)	(　　) 원만 빌려주시겠어요?
□	12月	(　　) 이십오 일은 크리스마스예요.
□	11月	(　　) 십삼 일은 남자친구 생일이에요.
□	水っぽい / 味が薄い	(　　)서 소금을 더 넣었어요.
□	包む	그 여자는 짐을 (　　)서 나가버렸어요.
□	安い	어디에 가면 (　　) 물건을 살 수 있어요?
□	戦う / 争う	정치를 하는 사람들이 (　　)고 있는 뉴스를 봤어요.
□	米	가난한 사람들에게 (　　)을 줬어요.
□	肌寒い / ひんやりしている	그날 밤에는 (　　)서 카디건을 입었어요.
□	積み重ねる / 積む	아이들이 블록을 (　　)고 놀고 있어요.
□	切る / 刻む	무를 (　　)서 깍두기를 만들어요.
□	書く	그 사람은 글씨를 예쁘게 (　　)요.
□	かぶる	모자를 (　　) 사람이 한국어 선생님이에요.
□	使う	이것 좀 (　　)도 돼요?
□	苦い	입에 (　　) 약이 몸에는 좋아요.
□	ゴミ	길에 (　　)를 버리지 마세요.
□	ゴミ箱	쓰레기는 (　　)에 버리세요.
□	～氏	스즈키 (　　)의 직업은 선생님입니다.
□	噛む	그 사람은 껌을 (　　)으면서 야구를 해요.
□	洗う	식사를 하기 전에 손을 (　　)요.

151

ㅇ

□	ああ / おお	(　　)(　　), 그렇군요.
□	お嬢さん	예쁜 (　　)가 커피를 마시고 있어요.
□	赤ちゃん / 赤ん坊	(　　)의 얼굴이 귀여워요.

☐	先ほど / さっき	(　　) 친구하고 밥을 먹었어요.
☐	アナウンサー	제 친구의 직업은 (　　)예요.
☐	家内 / 妻	우리 (　　)는 요리를 잘 합니다.
☐	違う / ～ではない	내가 한 말의 의미는 그게 (　　)에요.
☐	違います / いいえ	(　　). 저는 일본사람이에요.
☐	息子	언니의 (　　)은 올해 군대에 갔어요.
☐	下	내 가방은 책상 (　　)에 있어요.
☐	下側 / 下の方	우리 학교 (　　)에 카페가 있어요.
☐	アルバイト	새로운 (　　)를 구하고 싶어요.
☐	美しい / きれいだ	우리 엄마는 세상에서 제일 (　　)습니다.
☐	たぶん / おそらく	(　　) 오늘 저녁에는 비가 올 것입니다.
☐	何 / 誰	(　　)도 없는 곳에서 공부를 하고 싶어요.
☐	何も / 何でも	(　　)이나 괜찮으니까 빨리 주세요.
☐	どんなに / いくら	(　　) 그래도 그런 말은 하면 안돼!
☐	お父様	남자친구의 (　　)과 식사를 했어요.
☐	父 / お父さん	(　　)는 지금 어디에 계세요?
☐	パパ / 父さん	오빠는 (　　)가 되었어요.
☐	子供 / 子	친구에게는 (　　)가 둘 있어요.
☐	アイスクリーム	(　　) 중에서 바닐라 맛을 제일 좋아해요.
☐	おじさん	(　　)는 어디에 가셨어요?
☐	とても / たいへん	딸기를 (　　) 많이 먹을 수 있어요.
☐	おばさん	(　　)가 맛있는 것을 만들어 주셨어요.
☐	おばさん	(　　), 여기 김치 좀 더 주세요.
☐	まだ / いまだに	저는 할 일이 있어서 (　　) 집에 갈 수 없어요.
☐	朝	(　　)에 선생님을 만났어요.

153

□	マンション / アパート	제 친구는 (　　)에 살고 있어요.
□	痛い / 体の具合が悪い	배가 (　　)서 학교에 못 갔어요.
□	9	이번 달에는 수영장에 (　　) 번 갔어요.
□	90	할머니는 (　　) 살이세요.
□	楽器	연주 할 수 있는 (　　)가 있어요?
□	中 / 内部 / 内	너무 추워서 방 (　　)에서만 있었어요.
□	～しない / ～くない	가끔 청소를 (　　) 할 때가 있어요.
□	もや / 霧	(　　)가 끼어서 운전할 수 없어요.
□	眼鏡	저는 중학교 때 (　　)을 썼어요.
□	案内する	제가 도쿄를 (　　)해 드리겠습니다.
□	案内文	그곳에는 출입금지라는 (　　)이 있었어요.
□	安寧	친구야! (　　).
□	安寧に	(　　) 계세요.
□	抱く / 抱える / 抱きしめる	아기가 울어서 (　　) 주었어요.
□	うまくいかない / できない	공부가 (　　) 때는 공원을 산책해요.
□	安全	여행을 갈 때에는 (　　)을 먼저 생각하세요.
□	内側	문을 (　　)에서 잠그세요.
□	座る	의자에 (　　)서 공부를 하고 있는 사람은 누구예요?
□	知る	나는 그 사람을 (　　)요.
□	知らせる / 教える	결혼식 날짜를 (　　) 주세요.
□	適当だ / 適する	다음 질문에 (　　)은 답을 고르세요.
□	調べる / 調べてみる	그 일은 자기 자신이 (　　)보세요.
□	前	내 친구는 학교 (　　)에서 기다리고 있습니다.
□	前側 / 先方	그 건물 (　　)에 커피숍이 있습니다.
□	子供 / 子(아이の縮約形)	그 (　　)는 내 친구입니다.

154

□	恋人	(　　) 있어요?
□	アルバム	(　　)을 보면서 그 친구를 생각해요.
□	おや / やあ	(　　), 뭐 해?
□	野球	오타니 쇼헤이는 프로 (　　) 선수예요.
□	野菜	동생은 (　　)를 싫어해요.
□	約～	나는 그 친구를 (　　) 한 시간 동안 기다렸어요.
□	薬	우리 엄마는 매일 (　　)을 드십니다.
□	若干 / いくらか	이 옷은 (　　) 크지만 예뻐서 샀습니다.
□	薬局	우리 학교 근처에는 (　　)이 많이 있어요.
□	薬剤師	초등학생 때 제 꿈은 (　　)였어요.
□	約束	그 사람은 (　　)을 지키지 않아요.
□	弱い	저는 몸이 (　　)요.
□	薄い	(　　) 옷을 입어서 추워요.
□	靴下	보라색 (　　)을 신었어요.
□	スーツ	아버지 (　　)을 지금은 형이 입고 있어요.
□	洋食	저는 (　　)보다 한식을 더 좋아해요.
□	洋食屋	옛날에는 (　　)에서 데이트를 했어요.
□	歯磨き	하루에 (　　)을 몇 번 하세요?
□	話(이야기の縮約形)	할머니께서 옛날 (　　)를 해 주셨어요.
□	まあ / あれえ	(　　), 이게 뭐야?
□	肩	아버지의 (　　)를 마사지했어요.
□	どの / 何	그 사람은 (　　) 나라 사람이에요?
□	暗い	교실이 너무 (　　)요.
□	どこ	거기가 (　　)예요?
□	どういうふうだ / どんなだ	이 방에는 (　　) 가구가 좋을까요?

155

□	どうだ / どんなふうに	(　　) 사람과 결혼하고 싶어요?
□	どうだ	김치 맛이 (　　)습니까?
□	難しい	이 문제는 너무 (　　)습니다.
□	大人	빨리 (　　)이 되고 싶어요.
□	幼い / 年下	누나는 누나보다 더 (　　) 남자와 결혼했어요.
□	子供	이곳은 (　　) 보호구역입니다.
□	母 / お母さん	(　　)는 지금 회사에 계세요.
□	お母様	친구의 (　　)께서 맛있는 요리를 만들어 주셨습니다.
□	早く / さあ / どうぞ	(　　) 오세요.
□	似合う / ふさわしい	그 옷, 정말 잘 (　　)요!
□	昨日	(　　) 뭐 하셨어요?
□	昨夜	(　　)에 친구랑 전화했어요.
□	億(100,000,000)	일(　　) 원을 저금하고 싶어요.
□	お姉さん(妹からの呼称)	(　　)가 몇 명 있어요?
□	言語	몇 나라 (　　)를 말할 수 있어요?
□	いつ	생일이 (　　)예요?
□	いつも	저는 (　　) 그 식당에서 점심을 먹어요.
□	得る / もらう	어제 친구한테서 삼겹살을 (　　) 먹었어요.
□	顔	동생은 (　　)이 예쁜 여자하고 결혼했어요.
□	凍る	날씨가 너무 추워서 길이 (　　)어요.
□	いくら	이거 (　　)예요?
□	いくらぐらい / どれぐらい	이 학교에 입학하기 전에 한국어 공부를 (　　) 했어요?
□	氷	봄이 오면 (　　)이 녹을 거예요.
□	ママ / お母さん	언니는 (　　)가 되었어요.
□	存在しない / いない	냉장고에 김치가 (　　)요.

🎧 156

☐	お尻	(　　)에 주사를 맞았어요.
☐	エアコン	너무 더워서 (　　)을 강하게 켰어요.
☐	エレベーター	저는 (　　)를 타지 않고 계단을 이용해요.
☐	パスポート	외국에 가려면 먼저 (　　)을 만드세요.
☐	ここ / こちら	(　　)가 명동이에요?
☐	あちこち	(　　) 많이 돌아다녀서 다리가 많이 아파요.
☐	8つ / 8	저는 오키나와에 (　　) 번이나 갔어요.
☐	妹	(　　)이 있어요?
☐	80	할아버지는 (　　)에 돌아가셨어요.
☐	さまざまな / いろんな	우리 학교에는 (　　) 나라에서 온 학생들이 많이 있어요.
☐	皆さま / 皆さん	(　　) 안녕하십니까?
☐	夏	(　　)에 삼계탕을 먹으면 힘이 나요.
☐	もしもし	(　　). 거기 김철수 씨 댁 맞아요?
☐	6つ / 6	친구가 (　　) 명 있어요.
☐	女性	(　　)은 남성과 평등한 대우를 받아야 합니다.
☐	女子	저는 (　　) 중학교를 다녔어요.
☐	伺う	부모님께 (　　) 보고 결정하겠습니다.
☐	女子学生	(　　)들은 한국 화장품을 좋아합니다.
☐	旅行	제 취미는 (　　)입니다.
☐	旅行会社	졸업한 후에 (　　)에서 일하고 싶습니다.
☐	旅行先 / 観光地	제주도에 있는 (　　) 중에서 성산일출봉을 추천합니다.
☐	駅	우리 집에서 가장 가까운 (　　)은 서울(　　)입니다.
☐	歴史	교토를 여행하면서 (　　) 공부를 하는 사람들을 봤어요.
☐	やはり / やっぱり	(　　) 너밖에 없어!
☐	連結 / 繋がり	산 정상에서는 전화 (　　)이 안 됩니다.

157

□	演劇 / 芝居	딸하고 (　　)을 보러 갔어요.
□	連絡	그 사람의 (　　)을 기다리고 있어요.
□	連絡先	(　　) 좀 가르쳐 주시겠습니까?
□	年末	이번 (　　)에는 홋카이도에 갈 거예요.
□	お年	(　　)가 어떻게 되세요?
□	練習	내일 테니스 대회가 있어요. (　　) 많이 했어요?
□	芸能人	제 꿈은 (　　)이 되는 것입니다.
□	鉛筆	저는 샤프보다 (　　)을 더 좋아해요.
□	連休	(　　) 때 계획 있으세요?
□	10	동생은 (　　) 살이에요.
□	熱	감기에 걸려서 (　　)이 많이 났어요.
□	開く	문 좀 (　　)주세요.
□	開かれる / 開く	자동문이 (　　)어요.
□	鍵	집 (　　)를 잃어버렸어요.
□	熱心に / 一生懸命	(　　) 공부해서 시험에 합격하고 싶어요.
□	列車	(　　)를 타고 부산까지 갔어요.
□	10日	그 사람과 (　　) 동안 같이 있었어요.
□	葉書	조카가 런던에서 (　　)를 보내왔어요.
□	零 / 0	내 전화번호는 (　　)일이삼사오육칠 번이에요.
□	イギリス	(　　)에 가 본 적 있어요?
□	領収証	(　　)이 없으면 바꿀 수 없어요.
□	英語	(　　)보다 한국어가 더 쉬어요.
□	零下	서울은 오늘 (　　) 십팔 도예요.
□	映画	그 사람은 매주 (　　)를 봐요.
□	映画館	이번 주 토요일에 친구랑 (　　)에서 만날 거예요.

🎧 158

□ 映画俳優	(　　) 중에서 누구를 제일 좋아해요?
□ 隣	그 사람 (　　)에 앉아서 이야기했어요.
□ 隣の家	(　　)에 살고 있는 사람은 미국사람이에요.
□ はい / ええ	한국사람이에요? -(　　), 저는 한국사람이에요.
□ 前もって買う	콘서트 티켓을 (　　)했어요.
□ かわいい / きれいだ	얼굴이 (　　) 사람은 마음도 (　　)요?
□ 60	그 작가는 (　　)에 돌아가셨어요.
□ 芸術	(　　)은 잘 몰라요.
□ 予習	이 부분은 조금 어려우니까 미리 (　　)을 해 두세요.
□ 予約	호텔 (　　)도 안 하고 여행을 갔어요.
□ 昔の～	명동에서 (　　) 남자친구를 만나서 깜짝 놀랐어요.
□ 昔 / 過ぎ去った日	요즘 (　　) 노래가 다시 유행하고 있어요.
□ 5	그 레스토랑은 (　　) 층에 있어요.
□ 今日	(　　) 시간 있으면 저녁식사 같이 할까요?
□ 来る	아버지는 밤 열한 시에 (　　)셨어요.
□ 長く / 永らく / 久しく	남자친구랑 (　　) 사귀고 싶어요.
□ 久しぶり	(　　)에 많이 자서 기분이 좋아요.
□ 時間が長くたっている / 古くなっている	(　　) 집을 샀어요.
□ 久しぶり(오래간만の短縮系)	우리 (　　)에 한잔할까요?
□ 長い間	그 친구랑 (　　) 사귀었는데 아직 모르는 것이 많아요.
□ オレンジ	(　　) 주스를 마시고 싶어요.
□ 上がる / 登る	산 정상에 (　　)면 기분이 좋아요.
□ 右手	저는 (　　)으로 글씨를 써요.
□ 右側	우리집 (　　)에 편의점이 있어요.
□ 兄	저에게는 (　　)가 셋이나 있어요.

159

□	50	아버지하고 어머니는 (　　) 년 동안 결혼생활을 하셨습니다.
□	5月	(　　)에는 휴일이 많이 있어서 너무 좋아요.
□	キュウリ	배추김치보다 (　　)김치를 더 좋아해요.
□	午前	일요일 (　　)에는 공원에서 운동을 합니다.
□	午後	토요일 (　　)에는 친구들하고 쇼핑을 했습니다.
□	温度	실내 (　　)가 너무 높아요.
□	登る / 上がる	한라산 정상에 (　　)서 아름다운 풍경을 봤습니다.
□	上がってくる	제 오피스는 삼 층에 있으니까 한 층 더 (　　)세요.
□	上げる / 引き上げる	정부는 소비세를 (　　)습니다.
□	拝	선생님께 쓴 편지 마지막에 '임세연 (　　)'이라고 썼어요.
□	オリンピック	천구백팔십팔 년에 서울에서 (　　)이 있었습니다.
□	今年	(　　) 십일월에 시험이 있어요.
□	正しい	그 사람 생각이 (　　)요.
□	衣服	그 친구는 매일 예쁜 (　　)을 입고 학교에 와요.
□	ハンガー	코트는 (　　)에 걸어 주세요.
□	たんす / クローゼット	오늘은 (　　) 정리를 하려고 해요.
□	わあ	(　　), 정말 반가워요!
□	ワイシャツ	아버지는 하얀색 (　　)를 좋아하세요.
□	完全に	한국어를 (　　) 마스터하고 싶어요.
□	王	세종대왕은 한글을 만든 조선시대 (　　)입니다.
□	なぜ	(　　) 한국어를 공부하십니까?
□	なぜなら	(　　) 좋아하는 아이돌이랑 한국어로 이야기하고 싶어서요.
□	外国	저는 결혼해서 (　　)에서 살고 싶어요.
□	外国語	제 취미는 (　　)를 배우는 것이에요.
□	外国人	(　　)을 만나면 긴장을 해요.

160

□	寂しい	가을이 되면 (　　)요.
□	覚える	외국어를 잘 하려면 단어를 많이 (　　)야 해요.
□	外出する / 出かける	매주 일요일에 (　　)해요.
□	左手	저는 (　　)으로 글씨를 못 써요.
□	左側	학교 (　　)에 커피숍이 있어요.
□	料金	제 친구는 아르바이트해서 전화 (　　)을 낸다고 했어요.
□	料理	엄마는 (　　)를 잘 하세요.
□	料理人 / 料理師	유명한 (　　)가 나오는 방송을 봤어요.
□	曜日	무슨 (　　)에 쇼핑갈까요?
□	最近	(　　)은 일주일에 한 번 정도 한국 드라마를 봐요.
□	うどん	한국에도 (　　)이 있어요.
□	我々 / 私たち	(　　) 아빠는 (　　) 가족을 위해서 일을 열심히 하세요.
□	我が国 / 韓国	(　　)의 수도는 서울이에요.
□	傘	도쿄에서는 매일 (　　)을 가지고 다녀요.
□	まず / 最初に	일을 시작하기 전에 (　　), 순서를 정했어요.
□	牛乳	(　　)를 하루에 몇 잔 먹어요?
□	郵便局	우리 집 근처에는 (　　)이 없어요.
□	切手	우체국에서 (　　)를 샀어요.
□	運動	매일 (　　)을 하지 않으면 식욕이 없어요.
□	運動着	운동회가 있어서 (　　)을 샀어요.
□	運動場	매일 밤에 학교 (　　)에서 운동을 하고 있어요.
□	運動靴	한국에서는 스니커즈를 '(　　)'라고 해요.
□	運転する	서울에서 (　　)해 본 적 있어요?
□	運転士	친구는 트럭 (　　)가 되고 싶다고 했어요.
□	泣く	아기가 (　　)서 잠을 못 잤어요.

161

□	蔚山（ウルサン、都市の名前）	제 친구는 (　　)에 살고 있어요.
□	泣くこと	엄마는 웃으면서, 내가 아기 때 (　　) 소리가 커서 시끄러웠다고 했어요.
□	動く / 動かす	아침에 일어나서 몸을 천천히 (　　)면서 운동을 시작했어요.
□	笑う	친구의 (　　)는 얼굴을 보면 행복해요.
□	笑うこと / 笑い	(　　)은 건강에 좋아요.
□	ウォン	이 옷은 삼만 (　　)에 샀어요.
□	ワンピース	나는 매일 (　　)를 입어요.
□	望む	생일 선물은 내가 (　　)는 것을 받고 싶어요.
□	～月	생일은 몇 (　　) 며칠이에요?
□	月給 / 給料	(　　)을 받으면 뭐 살 거예요?
□	月曜日	매주 (　　)에는 회의가 있어요.
□	上	내 책상 (　　)는 항상 깨끗해요.
□	上のほう	당신의 머리 (　　)을 좀 봐 주세요.
□	位置	책상 (　　)를 바꾸고 싶으니까 도와 주세요.
□	危険だ	높은 곳에서 노는 것은 (　　)요.
□	ガラス	맥주는 (　　)컵에 마시는 것이 좋아요.
□	有名	요즘 한국 가수 중에서 누가 제일 (　　)해요?
□	6月	'육월'이 아니라 '(　　)'이에요.
□	幼稚園	(　　) 때 친구를 지금도 만나고 있어요.
□	留学	기회가 되면 꼭 (　　)을 가고 싶어요.
□	留学生	(　　)에게는 장학금을 줘요.
□	流行	요즘은 빨간색 립스틱이 (　　)이에요.
□	6	그 교실은 (　　) 층에 있어요.
□	歩道橋	위험하니까 (　　)로 가세요.
□	60	그 빌딩 (　　) 층에 레스토랑이 있어요.

162

□	ユンノリ (韓国の双六遊び)	한국어과 수업에서 (　　)를 했어요.
□	銀行	선배는 (　　)에서 근무하고 있어요.
□	飲料	추우니까 따뜻한 (　　)를 마십시다.
□	飲料水	운동할 때는 (　　)를 가지고 오세요.
□	飲食 / 食べ物	도서관에서는 (　　)을 먹을 수 없어요.
□	飲食店 / 食堂	우리 학교 근처에는 (　　)이 많이 있어요.
□	音楽	요즘 무슨 (　　)을 들으세요?
□	音楽家	(　　) 중에서 모짜르트를 제일 좋아해요.
□	意味	그 단어의 (　　)를 가르쳐 주세요.
□	医者	그 병원 (　　)는 매우 친절해요.
□	椅子	(　　)가 너무 높아서 불편해요.
□	歯	저는 (　　)를 하루에 세 번정도 닦아요.
□	この	(　　) 가방은 이탈리아에서 샀어요.
□	2	아버지 회사는 이 건물 (　　) 층에 있어요.
□	これ	(　　) 드리고 싶어요.
□	これ	(　　)은 뭐예요?
□	ここ	화장품은 (　　)에서 살 수 있어요.
□	勝つ	어제 야구경기는 일본이 미국한테 (　　)어요.
□	この日	(　　)은 저에게 중요한 날이에요.
□	～である / ～だ	요즘 여기가 인기 있는 곳(　　).
□	のちほど / あとで	그럼, (　　) 만나요.
□	このとき	(　　)를 놓치면 공부할 시간이 없어요.
□	このような / こんな	(　　) 일은 남자가 해 주세요.
□	こうだ	(　　) 해 보세요.
□	早い	엄마는 (　　) 아침부터 일을 하세요.

163

□	名前	그 사람은 저의 (　　)을 물었어요.
□	おでこ	(　　)가 넓은 사람을 좋아해요.
□	母の姉妹(伯母 / 叔母)	엄마의 여동생이나 언니를 '(　　)'라고 해요.
□	すでに	그 일은 사장님이 (　　) 끝내셨어요.
□	今度 / 今回	(　　) 주 금요일에 시험이 있어요.
□	この方	(　　)은 제가 제일 존경하는 사람이에요.
□	掛け布団	가벼운 (　　)을 좋아해요? 무거운 (　　)을 좋아해요?
□	引っ越し	제 친구는 (　　)를 많이 했어요
□	引っ越しの荷物	(　　)이 많아서 시간이 많이 걸려요.
□	～以上	저는 여자친구를 한 시간 (　　) 기다렸어요.
□	異常だ / 変だ	(　　)한 사람이 저를 따라와요.
□	20	우리 집은 그 아파트 (　　) 층에 있어요.
□	話	재미있는 (　　)를 해 주세요.
□	利用	선생님은 어느 역을 (　　)하세요?
□	近所 / 隣家	(　　) 아주머니랑 친해요.
□	2月	(　　)에는 삿포로 눈축제가 있어요.
□	理由	사람을 사랑하는 데 (　　)가 필요합니까?
□	以前	아버지는 한국 전쟁 (　　)에 태어나셨습니다.
□	今	(　　)부터 한국어로 말하세요.
□	こっち / こちら	(　　)으로 가면 학교가 있어요.
□	2日間	(　　) 후에 서울에 갈 거예요.
□	理解	(　　)가 안 되면 질문하세요.
□	以降	교통사고 (　　)에는 쉬는 것이 좋아요.
□	実る / 熟す	가을에는 과일이 모두 (　　)서 아주 달아요.
□	慣れている	이제 한국 문화에 (　　)요.

🎧 164

□	人気	요즘 한국에서는 어떤 영화가 (　　)예요?
□	インドネシア	저는 (　　)에 가 본 적이 있어요.
□	～人分 / ～人前	오빠는 혼자서 갈비를 삼 (　　)이나 먹을 수 있어요.
□	挨拶	큰 목소리로 아침 (　　)를 했어요.
□	高麗人参	한국에는 (　　)으로 만든 (　　) 사탕이 있어요.
□	認められる	저는 사장님께 (　　)고 싶어서 일을 열심히 하고 있어요.
□	仁川(インチョン)	(　　)은 서울에서 가까운 도시예요.
□	インターネット	한국의 (　　) 속도는 매우 빨라요.
□	人形	조카 생일에 (　　)을 선물했어요.
□	仕事 / 用事	그 친구는 아홉 시부터 다섯 시까지 (　　)을 합니다.
□	1	다음 달 (　　) 일에 친구가 우리집에 올 거예요.
□	～日	지난 달 삼십(　　)에 서울에 갔어요.
□	7	그 사람하고 (　　) 번 만나고 결혼했어요.
□	日記	한국어로 (　　)를 쓰고 싶어요.
□	日本	(　　)의 수도는 도쿄예요.
□	一部	뉴스에서 내일은 (　　) 지역에 눈이 온다고 했어요.
□	和食	(　　) 중에서 뭘 좋아해요?
□	和食店	제 친구는 (　　)에서 일해요.
□	起きる	나는 아침에 일찍 (　　)요.
□	立つ / 立ち上がる	그 아이돌의 팬들은 모두 (　　)서 노래를 불렀어요.
□	日曜日	매주 (　　)에 교회에 가요.
□	1月	(　　) 일일은 설날이에요.
□	1週間 / 週	(　　)에 몇 번 정도 운동을 하세요?
□	早く / 早めに	(　　) 일어나서 커피를 마시면 기분이 좋아요.
□	70	할아버지는 (　　)살에 돌아가셨어요.

165

□	読む	일년에 몇 권 정도 책을 (　　)요?
□	なくす / 紛失する	여행가서 여권을 (　　)어요.
□	なくす / なくしてしまう	여권을 (　　)서 울었어요.
□	口	저는 (　　)이 커서 많이 먹을 수 있어요.
□	入口	그 건물 (　　)에서 친구를 만났어요.
□	着る	원피스를 (　　)고 있는 사람은 제 친구예요.
□	唇	그 남자는 그 여자의 (　　)에 뽀뽀를 했어요.
□	入院する	나는 작년에 한 달 동안 (　　)했어요.
□	入場券	도쿄 디즈니랜드 (　　)은 너무 비싸요.
□	入学	한국은 삼월에 (　　)해요.
□	入学試験	서울대학교 (　　)에 합격했어요.
□	いる / ある	큰 나무가 (　　)는 집에서 살고 싶어요.
□	忘れる	그 사람의 이름을 (　　)요.
□	忘れてしまう	선생님의 전화번호를 (　　)요.
□	葉	가을이 되면 나뭇(　　)이 떨어져요.

166

ㅈ

□	自己紹介	한국어로 (　　) 할 수 있어요?
□	しきりに / ひっきりなしに	나한테 (　　) 전화하지 마세요.
□	寝る / 眠る	요즘 바빠서 많이 못 (　　)요.
□	自動車	(　　) 운전면허증을 따고 싶어요.
□	自動販売機	일본에는 (　　)가 많이 있어서 편리해요.
□	成長する / 育つ / 伸びる	오랜만에 조카를 만났는데 키가 많이 (　　)어요.
□	自慢 / 誇り	한국 사람들은 자기 (　　)을 많이 하는 것 같아요.
□	切る	선생님은 머리를 아주 짧게 (　　)어요.

167

□	席	(　　)가 없어서 보고 싶었던 공연을 못 봤어요.
□	詳しく / 詳細に	한국의 음식 문화에 대해서 (　　) 말씀해 주세요.
□	子供	부모님께서는 (　　)을 잘 키우셨어요.
□	自身	친구의 생각은 하지 않고 자기 (　　)만 생각하는 사람이 있어요.
□	自然	홋카이도는 (　　)이 아름다운 곳이에요.
□	自由	이번 발표의 테마는 (　　)예요.
□	ジャージャー麺	한국에서는 이사하는 날 (　　)을 먹어요.
□	自転車	서울에서 (　　)를 탈 때는 조심해야 해요.
□	しばしば / よく	그 사람을 (　　) 만나요?
□	自販機	커피 (　　) 앞에서 만나요.
□	昨年	(　　)에는 눈이 많이 왔어요.
□	小さい	내 발은 (　　)은데 친구의 발은 커요.
□	～杯 / コップ	나는 매일 커피를 세 (　　) 정도 마셔요.
□	宴会 / 祝宴 / パーティー	어머니 생신 (　　)를 해 드렸어요.
□	よく / 見事に / 上手に	그 사람은 한국어를 아주 (　　) 해요.
□	よくできる / うまくできる	오늘은 한국어가 왠지 (　　)요.
□	間違い / 誤り	우리에게는 (　　) 알고 있는 상식이 많이 있어요.
□	間違える / 誤る	김건모의 '(　　) 만남'이라는 노래를 좋아해요.
□	間違う / 間違える / 過ちを犯す	나는 직장 선택을 (　　)서 힘들었어요.
□	ハンサムだ	(　　) 남자는 성격도 좋을까요?
□	うまくやる / よくする / 上手だ	외국어를 (　　)는 사람을 존경해요.
□	眠り	요즘 (　　)을 잘 못 자요.
□	しばらくの間 / 少々 / ちょっと	(　　) 기다려 주세요.
□	しばらくの間 / 少々 / ちょっと	점심 시간에 (　　) 만나고 싶어요.
□	寝る / 眠る	아기의 (　　)는 모습이 너무 귀여워요.

168

□	握る / 掴む / つなぐ	아이와 엄마는 손을 (　　)고 걸었어요.
□	召し上がる	선생님께서는 점심 때 라면을 (　　)셨어요.
□	雑誌	패션 (　　)를 자주 봐요.
□	チャプチェ	한국 음식 중에서 (　　)를 제일 좋아해요.
□	～枚	어제 어머니께 편지를 세 (　　) 썼어요.
□	手袋	남자친구한테서 크리스마스 선물로 (　　)을 받았어요.
□	おもちゃ	조카에게 (　　)을 사 주고 싶은데 무엇이 좋을까요?
□	梅雨	한국에도 (　　)가 있어요.
□	バラの花	보라색 (　　)를 본 적 있어요?
□	場所	친구랑 공원에서 도시락을 먹을 (　　)를 찾고 있어요.
□	材料	김치는 (　　)가 많이 있어야 해요.
□	楽しみ / おもしろさ / 興味	(　　)가 있는 사람을 만나서 이야기했어요.
□	おもしろくない / つまらない	내 친구는 (　　)는 사람이에요.
□	おもしろい	(　　)는 사람하고 같이 있으면 행복해요.
□	くしゃみ	(　　)를 참지 말고 하세요.
□	私	(　　)는 일본 사람입니다.
□	あの	(　　) 사람은 어느 나라 사람이에요?
□	あの / ええと	(　　)~ 있잖아요.
□	あれ	(　　) 먹고 싶어요.
□	あれ	(　　)은 누구의 책입니까?
□	あそこ	이곳 (　　)에서 많이 먹어서 배가 불러요.
□	貯金	(　　)을 많이 해서 유학 갈 거예요.
□	あそこ / あちら	(　　)가 그 유명한 시부야 일공구예요?
□	夕方 / 夕暮れ	수업이 끝난 후 (　　)부터는 아르바이트가 있어요.
□	あのような / ああいう	친구가 가지고 있는 (　　) 가방이 좋아요.

169

□	あのようだ	저도 (　　)게 옷을 입고 싶어요.
□	この前	형은 (　　)에 만난 사람하고 결혼했어요.
□	あの方	지금 (　　)이 쓴 책이 제일 유명합니다.
□	あちら / あっち	그 유명한 빵집은 이쪽이 아니라 (　　)에 있어요.
□	私ども	(　　) 학교 선생님들은 모두 친절합니다.
□	書く	선생님이 읽고 학생은 노트에 (　　)요.
□	少ない	점심 밥이 너무 (　　)서 배고파요.
□	適当だ	이정도 가격이라면 (　　)다고 생각합니다.
□	前	식사하기 (　　)에 야채를 먹으세요.
□	専攻	대학교 때 (　　)이 뭐예요?
□	電気	현대인은 (　　)가 없으면 못 살아요.
□	全部 / すべて	회장님께서는 회장님의 전 재산을 (　　) 고아원에 기부했다고 했습니다.
□	電車	매일 아침 (　　)에서 그 여자를 봐요.
□	全体	일본의 (　　) 인구는 몇 명입니까?
□	伝える	이 말을 선생님께 (　　) 주세요.
□	全然	다이어트를 하고 있는 친구는 밥을 (　　) 먹지 않아요.
□	電話	메일을 하니까 (　　)는 전혀 하지 않아요.
□	電話機	집에 (　　)가 있어요?
□	電話番号	(　　) 좀 가르쳐 주시겠어요?
□	若い	(　　)은 여자들은 한국 화장품을 좋아해요.
□	点数	한국어능력시험 (　　)는 몇 점이에요?
□	昼食	오늘 (　　)은 뭘 먹을 거예요?
□	昼のとき / お昼に	저는 오늘 (　　) 친구하고 커피를 마시기로 했어요.
□	昼食時間 / 昼休み	(　　)이 너무 짧아요.
□	だんだんと / 徐々にと	(　　) 추워지고 있어요.

170

□	折る	종이로 학을 (　　)서 선배에게 주었어요.
□	皿	맛있는 요리를 예쁜 (　　)에 담았어요.
□	箸	일본에서는 (　　)으로 밥을 먹어요.
□	程度　/ ～くらい	잡채를 만들때 양파는 어느 (　　) 필요해요?
□	停留場	나는 버스 (　　)에서 버스를 기다리고 있어요.
□	整理	친구랑 찍은 사진을 (　　)하면서 친구를 생각했어요.
□	本当	그 정치인이 한 말은 (　　)이에요?
□	正門	대학교 (　　) 앞에서 기다려 주세요.
□	無我夢中だ / バタバタしている	(　　) 바빠서 일 년이 금방 가버렸어요.
□	庭園	우리 아버지의 직업은 (　　)을 가꾸는 것이에요.
□	決める	겨울방학 때 친구하고 서울에 여행가기로 (　　)어요.
□	整形外科	요즘 허리가 아파서 (　　)에 다니고 있어요.
□	正確だ	한국어는 (　　) 발음이 힘들어요.
□	濡れる	비가 많이 와서 옷이 (　　)어요.
□	私	(　　)가 공부하고 있는 외국어는 한국어예요.
□	題目 / タイトル	그 에세이 (　　)이 뭐예요?
□	第一 / いちばん	한국 요리 중에서 갈비를 (　　) 좋아해요.
□	済州島	한라산은 (　　)에 있어요.
□	少し	아주머니, 김치 (　　) 더 주세요.
□	少しずつ	너무 짜면 안 되니까 소금은 (　　) 넣어 주세요.
□	用心すること / 気をつけること	날씨가 추워졌어요. 감기 (　　)하세요.
□	静かだ	아이가 없으니까 우리 집은 매일 (　　)요.
□	静かに	아기가 자니까 (　　) 걸어 주세요.
□	甥 / 姪	(　　)는 서울대학교에 다녀요.
□	眠い	점심식사를 한 다음에는 (　　)요.

171

☐	卒業	친구는 (　　)을 한 후에 회사에 다니고 있어요.
☐	ちょっと / 少し	(　　) 비싸도 맛있는 것을 먹고 싶어요.
☐	狭い	여행가서 (　　)은 방에서 친구 다섯 명과 즐거운 시간을 보냈어요.
☐	種類	그 식당은 어떤 (　　)의 음식이 맛있어요?
☐	従業員	그 식당에서 일하는 (　　)은 매우 친절해요.
☐	紙	이 (　　)에 이름과 주소를 써 주세요.
☐	良い	성격이 (　　)은 사람과 사귀고 싶어요.
☐	好きだ / 好む	무슨 꽃을 (　　)세요?
☐	申し訳ない / すまない	(　　)지만 창문 좀 열어 주세요.
☐	週	이번 (　　) 토요일에 친구하고 온천에 갈 거예요.
☐	与える / やる / あげる	그 사람이 좋아하는 것을 (　　)고 싶어요.
☐	主に	제가 (　　) 가는 식당은 역 앞에 있어요.
☐	週末	(　　)에 보통 뭐 하세요?
☐	ポケット	(　　)에 손을 넣고 자전거를 타면 위험해요.
☐	お休みになる	오늘 우리 어머니는 일찍 (　　)요.
☐	注文する	저는 비빔밥을 (　　)했고 친구는 김치찌개를 (　　)했어요.
☐	周辺	집 (　　) 환경이 아름다운 시골에서 살고 싶어요.
☐	主婦	누나는 결혼해서 (　　)로 살고 있어요.
☐	注射	아기가 (　　)를 맞고 울어요.
☐	住所	편지를 보내고 싶으니까 (　　) 좀 적어 주세요.
☐	ジュース	매일 아침에 오렌지 (　　)를 마셔요.
☐	周囲	전철 안에서는 (　　) 사람들에게 배려해야 합니다.
☐	主人 / 主	친구 아버지께서는 편의점 (　　)입니다.
☐	週	이번 (　　)에는 반드시 교회에 가겠습니다.
☐	駐車	서울에서는 (　　)하는 것이 힘들어요.

172

□	駐車場	서울에는 (　　)이 별로 많지 않아서 불편해요.
□	だいだい色 / オレンジ色	올해 유행하는 색깔은 (　　)이에요.
□	死ぬ	우리 강아지는 교통사고로 (　　)어요.
□	準備	오늘 아침식사 (　　)는 내가 했어요.
□	ひも / 縄	가방 (　　)이 너무 길어요.
□	減る / 縮む	스웨터를 세탁했더니 (　　)어요.
□	減らす / 縮める / 短くする	이 바지는 너무 길어서 (　　)고 싶어요.
□	拾う	쓰레기를 (　　)서 쓰레기통에 넣었어요.
□	～中	회의 (　　)에 전화가 와서 전화를 못 받았어요.
□	中間	친구의 집하고 우리집 (　　)에 커피숍이 있어요.
□	中国	(　　)은 매우 넓어요.
□	中華料理店	엄마랑 (　　)에서 짬뽕을 먹었어요.
□	中心	그 대학교는 서울 (　　)에 있어요.
□	中央	내가 좋아하는 아이돌이 무대 (　　)에서 노래를 해요.
□	重要だ	저에게 이 사진은 아주 (　　)해요.
□	中学校	(　　) 때 국어 선생님은 정말 멋있었어요.
□	中学生	언니에게는 (　　) 딸이 하나 있어요.
□	楽しそうにする / 嬉しがる	아이들이 (　　)는 것을 보니까 나도 기뻐요.
□	楽しい / 愉快だ	내가 좋아하는 아이돌의 콘서트에 가서 (　　) 시간을 보냈어요.
□	楽しむ	나는 겨울방학 동안 서울에서 (　　)고 왔어요.
□	遅刻	매일 (　　)을 하는 사람이 있어서 선생님이 화를 냈어요.
□	財布	(　　) 속에 가족 사진이 있어요.
□	今	우리 (　　)부터 조용히 공부합시다.
□	過ぎる / 過ぎていく / 通る	매주 목요일에 우리 학교 앞을 (　　)는 빵을 파는 아저씨가 있어요.
□	超す / 通り過ぎる	유통기한이 (　　) 우유를 먹었는데 괜찮았어요.

□	先月	(　　)에 그 사람을 처음 만났어요.
□	前回 / この間 / この前	(　　)에 본 영화를 어제 또 봤는데 재미있었어요.
□	先週	(　　)에는 계속 비가 와서 빨래를 하지 못했어요.
□	去年	(　　)는 너무 바빠서 여행을 못 갔는데 올해는 꼭 가고 싶어요.
□	過ごす / 暮らす	어머니, 잘 (　　)고 계세요?
□	負ける	그 사람은 (　　)는 것을 싫어하는 성격이에요.
□	地図	대한민국 (　　)는 토끼하고 비슷해요.
□	退屈だ	지난주에 음악회를 갔는데 너무 (　　)어요.
□	叫ぶ	어제 아저씨들이 소리를 (　　)면서 싸웠어요.
□	地方	우리 누나는 (　　) 출신의 남자와 결혼했어요.
□	消しゴム	(　　) 좀 빌려주세요.
□	消す	그림을 그리고 지우개로 (　　)요.
□	守る	아버지는 가정을 (　　)려고 일을 열심히 하고 계세요.
□	地下	그 친구는 (　　)에 있는 방에 살고 있어요.
□	地下道	(　　)를 지나면 고속도로를 탈 수 있어요.
□	地下鉄	길이 많이 막히니까 (　　)로 갈 거예요.
□	地下鉄駅	(　　)은 항상 복잡해요.
□	職業	그 분의 (　　)이 뭐예요?
□	職員 / 従業員	이 회사 (　　)은 모두 친절해요.
□	職場	오늘 (　　) 선배하고 저녁식사를 할 거예요.
□	直接	그 사람을 (　　) 만나서 이야기하는 것이 더 좋아요.
□	本当 / 本物	(　　) 괜찮은 사람하고 결혼하고 싶어요.
□	濃い	그 친구는 (　　) 화장을 하고 학교에 왔어요.
□	質問	발표가 끝난 다음 (　　)을 했어요.
□	荷物	내일 이사를 하니까 (　　)을 싸야 해요.

174

☐	家	저랑 제일 친한 친구의 (　　)은 서울에 있어요.
☐	引っ越し祝いの宴会	한국에는 이사를 한 후 (　　)를 해요.
☐	家事	매일 하는 (　　)은 중노동입니다.
☐	作る / 仕立てる / 建てる	언니는 시골에 예쁜 집을 (　　)고 사랑하는 사람하고 살고 있어요.
☐	しょっぱい	(　　) 음식은 건강에 좋지 않아요.
☐	うんざりすること	도서관이 시끄러워서 (　　)이 나요.
☐	一対のものの片方 / パートナー	내 (　　)은 어디에 있을까요?
☐	短い	그 책은 너무 재미있어서 (　　)은 시간에 읽었어요.
☐	チャンポン	일본 (　　)하고 한국 (　　)은 맛이 달라요.
☐	～のほう	이거랑 저것 중에서 어느 (　　)을 더 좋아해요?
☐	チゲ	오늘 점심 때 김치(　　) 먹고 싶어요.
☐	太る	요즘 많이 먹어서 살이 (　　)어요.
☐	蒸す / ふかす	여름 방학 때 옥수수를 (　　)서 먹었어요.
☐	押す / 突き刺す	서류에 도장을 (　　)어요.

175

ㅊ

☐	車	멋진 자동(　　)를 타고 드라이브를 하고 싶어요.
☐	茶	일본사람들은 녹(　　)를 많이 마시고 한국사람들은 보리(　　)를 많이 마셔요.
☐	冷たい	겨울에는 손과 발이 (　　)습니다.
☐	満ちる / いっぱいになる	홍수로 도시 전체가 물로 가득 (　　)어요.
☐	蹴る	축구공을 열심히 (　　)고 있는 선수들의 사진을 찍었어요.
☐	はめる	시계를 (　　)고 수영을 했어요.
☐	冷たい	바람이 너무 (　　)서 감기에 걸렸어요.
☐	順番	(　　)를 지켜서 버스를 탔어요.
☐	優しい	그 사람은 마음도 (　　)고 성격도 좋아요.

176

□	冷たい水	매일 아침에 일어나서 (　　)을 한잔 마셔요.
□	とても	나는 가을을 (　　) 좋아해요.
□	我慢する	아무리 힘들어도 (　　)고 열심히 공부할 거예요.
□	マクワウリ	한국에서는 여름에 (　　)를 먹을 수 있어요.
□	窓	추우니까 (　　)을 좀 닫아 주시겠어요?
□	見つける	지하철역에서 지갑을 잃어버렸는데 다음날 아침에 (　　)어요.
□	訪ねていく / 訪ねる	선생님을 만나러 학교로 (　　)어요.
□	探してみる	지갑을 잃어버려서 방 안을 (　　)어요.
□	訪ねてくる	오늘 손님이 (　　)기 때문에 외출할 수 없어요.
□	野菜	장마로 인해 (　　) 가격이 비싸요.
□	本	일년에 (　　)을 몇 권 읽어요?
□	机	내 (　　)은 침대 옆에 있어요.
□	本棚	(　　)에 책이 많이 있어요.
□	最初 / 初めて	(　　)에 당신을 만났을 때가 생각나요.
□	千(1,000)	이 사과는 한 개에 (　　) 원이에요.
□	千万(10,000,000)	우리 아파트는 (　　) 원에 샀어요.
□	ゆっくり	(　　) 조심해서 오세요.
□	初～	한국에서는 (　　)눈이 오는 날 데이트를 하는 커플이 많이 있어요.
□	初日	새해 (　　)부터 좋은 꿈을 꾸었어요.
□	第一 / 1番目	(　　) 시간에 한국어 회화수업이 있어요.
□	青年 / 若者	(　　)들은 취직 준비를 하고 있어요.
□	ジーンズ	(　　)가 잘 어울려요.
□	掃除	나는 (　　)를 좋아하는데 너는 어때?
□	青少年	(　　) 시절에 만났던 그 친구는 아주 예뻤어요.
□	体育館	(　　)에서 농구를 했어요.

🎧 177

☐	チェック模様	올해는 반드시 (　　) 코트를 살 거예요.
☐	見つめる	나를 계속 (　　)는 아이의 얼굴이 너무 귀여웠어요.
☐	初め	그 가게는 구월 (　　)에 오픈할 예정이에요.
☐	～秒	일 분 일 (　　)가 아까워요.
☐	招待	그 결혼식에 (　　)를 받았어요.
☐	招待状	친구의 생일 파티의 (　　)을 받았어요.
☐	小学校	저는 (　　) 때는 키가 작았어요.
☐	小学生	요즘 (　　)은 너무 바빠요.
☐	緑色	(　　)은 눈 건강에 매우 좋아요.
☐	チョコレート	피곤할 때 (　　)을 먹어요.
☐	最高	나는 이번 영어시험에서 (　　) 점수를 받았어요.
☐	最近	(　　)에 유행하는 노래는 뭐예요?
☐	踊る	춤을 잘 (　　)고 싶어요.
☐	秋夕(チュソク)	(　　) 때는 가족들이 모두 모여요.
☐	サッカー	(　　)는 하는 것도 좋고 보는 것도 좋아요.
☐	サッカーボール	생일 선물로 (　　)을 받았어요.
☐	お祝い	생일 (　　)해요.
☐	出口	그 커피숍은 서울역 일 번 (　　)에 있어요.
☐	出勤する	몇 시까지 (　　)해야 해요?
☐	出発	내일 몇 시에 (　　)할까요?
☐	出席	오늘 (　　)을 하지 않으면 선생님께서 화를 낼 거예요.
☐	出入り	그곳에는 (　　)할 수 있어요.
☐	出入国	옛날에 비해 (　　) 수속이 쉬워졌어요.
☐	出張	다음주에 부산으로 (　　)을 갈 예정이에요.
☐	出退勤	(　　) 시간에는 길이 복잡해요.

□	ダンス	저는 (　　)을 잘 추는 친구를 알아요.
□	ダンスする	(　　)는 일을 하고 싶어요.
□	寒い	서울은 도쿄보다 (　　)요.
□	十分だ	월요일에는 (　　) 시간이 있으니까 연락 주세요.
□	趣味	(　　)가 뭐예요?
□	取り消し	너무 바빠서 식사 예약을 (　　)했어요.
□	就職	요즘은 (　　)하기 힘들어요.
□	〜階	저 건물은 몇 (　　) 건물이에요?
□	歯科(歯医者)	일본에는 (　　)가 많은 것 같아요.
□	打つ	저기서 테니스를 (　　)고 있는 사람의 이름을 알고 있어요?
□	治療	이가 아파서 치과에서 (　　)를 받았어요.
□	スカート	(　　)하고 바지 중에서 어느 쪽을 더 좋아해요?
□	歯磨き粉	요즘 새로운 (　　)을 샀는데 아주 좋아요.
□	チキン	한국의 양념(　　)은 세계에서 가장 맛있는 것 같아요.
□	友達	그 사람은 그냥 (　　)예요. 남자(　　)가 아니에요.
□	親切だ	잘 생긴 남자보다 (　　)한 남자를 더 좋아해요.
□	親戚	설날에는 (　　)들이 모두 모여요.
□	親しい	한국에는 (　　) 사람이 많이 있어요.
□	7	'(　　)'은 행운은 숫자예요.
□	70	서울에 (　　) 층 이상의 건물이 있나요?
□	7月	(　　) 칠 일에 우리 만날까요?
□	黒板	선생님께서 (　　)에 그림을 그렸어요.
□	ベッド	오늘은 하루 종일 (　　)에 누워서 책을 읽을 거예요.
□	寝室	그 사람은 피곤해서 바로 (　　)로 들어갔어요.
□	歯ブラシ	치아에 맞는 (　　)을 찾기가 어려워요.

179

□	称賛	'(　　)은 고래도 춤추게 한다'라는 속담이 있어요.

180

ㅋ

□	カード / クレジットカード	이번 달에는 (　　)를 많이 사용해서 반성 중이에요.
□	カレー	일본에는 (　　)를 좋아하는 사람이 많은데 한국은 어때요?
□	カメラ	요즘은 휴대폰 (　　)도 아주 좋아요.
□	カフェ	홍대입구역 앞 (　　)에서 만나요.
□	包丁 / ナイフ	어제 (　　)로 양파를 잘랐어요.
□	カルグクス	명동에 있는 (　　) 집을 알아요?
□	カナダ	내 친구는 (　　)로 유학을 갔어요.
□	コーヒー	하루에 (　　)를 몇 잔 정도 마셔요?
□	コーヒーショップ	(　　)에서 세 시간 동안 공부를 했어요.
□	コンピュータ	요즘 (　　) 게임 중에서 제일 재미있는 것은 뭐예요?
□	コップ	(　　)을 좋아해서 여행을 하면서 예쁜 (　　)을 많이 모았어요.
□	ケーキ	(　　) 중에서 치즈 (　　)를 제일 좋아해요.
□	つける	어두우니까 전기를 (　　) 주세요.
□	弾く	바이올린을 (　　)는 그녀의 모습은 천사 같았어요.
□	～足	양말 두 (　　)와 신발 한 (　　)를 샀어요.
□	鼻	그 여자는 (　　)가 높아서 아직 결혼을 못 했어요.
□	象	인도에서 (　　)를 탄 적이 있어요.
□	コンサート	BTS (　　)에 가고 싶은데 독감에 걸려서 못 가요.
□	コーラ	가끔 (　　)를 마시고 싶을 때가 있어요.
□	鼻水	감기에 걸려서 (　　)이 자꾸 나요.
□	大豆 / 豆類	(　　)은 단백질이 풍부해요.
□	サイズ	그 건물의 (　　)가 궁금해요.

181

☐	大きい	큰오빠하고 작은오빠 중에서 누구의 키가 더 (　　)요?
☐	クリスマス	(　　) 때 눈이 왔으면 좋겠어요.
☐	大声	잘 들리지 않으니까 (　　)로 말해 주세요.
☐	身長 / 背	(　　)가 큰 사람이 인기가 있어요?
☐	育てる / 飼う	강아지를 (　　)는 사람들이 많아진 것 같아요.
☐	キログラム	비행기를 탈 때 가방의 무게가 이십 (　　) 이상이면 돈을 내야 해요.
☐	キロメートル	저는 하루에 십 (　　) 정도 뛰고 있어요.

182

ㅌ

☐	焼ける / 燃える	산불이 나서 나무가 모두 (　　) 버렸어요.
☐	乗る	우리는 KTX를 (　　)고 춘천으로 여행을 갔어요.
☐	入れる	죄송하지만, 커피를 좀 (　　) 주시겠어요?
☐	卓球	(　　)를 해서 살이 오 킬로그램 정도 빠졌어요.
☐	酢豚	주말에 누나랑 자장면하고 (　　)을 먹었어요.
☐	タイ	(　　)의 수도는 방콕이에요.
☐	テコンドー	일본에서도 (　　)를 배울 수 있어요.
☐	太極旗 (韓国の国旗)	한국에서는 국경일에 (　　)를 달아요.
☐	態度	그 학생은 수업 (　　)가 좋지 않아서 선생님께서 주의를 줬어요.
☐	生まれる	그 사람은 봄에 (　　)요.
☐	台風	(　　)이 일본 열도를 종단했어요.
☐	宅配	지난주에 (　　)를 보냈는데 아직 도착하지 않았어요.
☐	タクシー	바쁠 때는 (　　)를 타요.
☐	ターミナル	광주에 가려면 강남고속버스 (　　)에서 고속버스를 타세요.
☐	テニス	우리 동네에는 (　　) 동호회가 있어요.
☐	テニス場	우리는 매주 (　　)에서 만나서 테니스 연습을 해요.

183

☐	テーブル	엄마는 매일 아침 (　　) 위에 저의 도시락을 올려 놓고 출근하세요.
☐	テレビ	아버지는 일어나자마자 (　　)을 켜세요.
☐	ウサギ	제 별명은 (　　)예요.
☐	トマト	(　　)는 몸에 좋은 야채예요.
☐	土曜日	이번 주 (　　)에는 수업이 있어서 학교에 가야 해요.
☐	通帳	한국에 유학을 가서 은행 (　　)을 만들었어요.
☐	電話 / 通話	오늘은 엄마하고 (　　)를 못 했어요.
☐	退勤	보통 몇 시에 (　　)하세요?
☐	退院	약 한 달 동안 입원을 한 후 (　　)을 했어요.
☐	揚げる	(　　) 요리를 한국어로 ‘튀김’이라고 해요.
☐	揚げ物	(　　) 중에서 무슨 (　　)을 제일 좋아해요?
☐	トラック	그 아이의 꿈은 (　　) 운전사예요.
☐	特別だ	그 사람은 나에게 (　　) 사람이에요.
☐	特別に	그 가수를 (　　) 좋아하는 이유라도 있어요?
☐	特に	운동 중에서 (　　) 잘 하는 것은 뭐예요?
☐	丈夫だ	몸과 마음이 (　　)야 공부도 일도 잘 할 수 있어요.
☐	つける	텔레비전 좀 (　　) 주세요.
☐	間違える	이번 시험에서는 많이 (　　)서 성적이 좋지 않아요.
☐	Tシャツ	운동을 할 때는 (　　)가 편해요.
☐	チーム	우리 반은 한 (　　)이 되어서 열심히 응원했어요.

184

ㅍ

☐	青色	저기 (　　) 하늘을 좀 보세요.
☐	青い	‘(　　)’는 ‘파래요’,‘파래서’,‘파라면’,‘파라니까’가 됩니다.
☐	パーティー	이번 생일 때는 반드시 생일 (　　)를 해 줄게요.

185

□	腕	오빠는 (　　)이 너무 길어서 옷이 모두 짧아요.
□	8	중국사람들은 ‘(　　)’을 좋아하는 것 같아요.
□	売る	내 친구는 명동에서 화장품을 (　　)고 있어요.
□	売れる	그 친구 가게에서 제일 잘 (　　)는 것은 아이섀도예요.
□	8月	(　　)에 여름방학이 있어서 온천에 갈 거예요.
□	開く	책을 (　　)고 큰 소리로 읽어 주세요.
□	便利だ	교통이 (　　)한 곳에 있는 집은 집세가 비싸요.
□	気楽だ / 心地よい	이 의자는 (　　)해서 오래 앉아도 허리가 안 아파요.
□	コンビニ	일본에는 (　　)이 많이 있어요.
□	手紙	요즘은 옛날보다 (　　)를 자주 쓰지 않아요.
□	具合が悪い	할아버지께서 (　　)으셔서 병원에 입원하셨어요.
□	楽だ / 気楽だ	마음이 (　　)면 잠을 잘 잘 수 있어요.
□	普段	(　　)에는 치마를 자주 입는 편이에요.
□	平日	그 가게는 (　　)에는 오전 아홉 시부터 영업해요.
□	ブドウ	슈퍼에 (　　)를 사러 갔는데 너무 비싸서 못 샀어요.
□	包装	쓰레기를 줄이기 위해 선물을 살 때 (　　)을 하지 않아요.
□	チケット	이번 주에 영화를 보기 위해서 (　　)를 예매했어요.
□	青い	(　　) 숲 속에 들어가서 심호흡을 하고 싶어요.
□	ぐっすり / ゆっくり	이번 주말에는 아무것도 하지 말고 (　　) 쉬세요.
□	解く / ほどく	미용실에 가서 파마 머리를 (　　)고 스트레이트 머리로 했어요.
□	風景	제주도에는 (　　)이 아름다운 장소가 많이 있어요.
□	フライパン	김치 볶음밥은 (　　)에 밥과 김치를 볶아서 만드는 요리예요.
□	フランス	(　　)의 수도는 파리이고 독일 옆에 있는 나라예요.
□	プログラム	그 학교는 한국 유학에 대한 (　　)이 다양해서 인기가 많아요.
□	血	다리를 다쳐서 (　　)가 났어요.

186

□	疲れている	(　　)할 때는 빨리 자는 것이 좋아요.
□	咲く	장미꽃이 (　　)는 유월이면 그 사람이 생각이 나요.
□	ピアノ	초등학교 때 (　　)를 배운 적이 있어요.
□	吸う	그 여자는 담배를 (　　)는 사람을 싫어해요.
□	ピザ	오늘 점심은 (　　)로 할까요?
□	必要だ	(　　)한 것이 있으면 말씀하세요.
□	筆箱	초등학교 졸업식 때 선물로 (　　)을 받았어요.

187

ㅎ

□	空	가을에는 (　　)이 높아요.
□	空色(水色)	오늘은 (　　) 원피스를 입고 데이트할 거예요.
□	する	운동을 매일 (　　)요?
□	1日	(　　)에 커피를 몇 잔 정도 드세요?
□	下宿費	신촌에 있는 하숙집은 (　　)가 비싸요.
□	下宿	오늘은 친구가 살고 있는 (　　)에 놀러 갈 거예요.
□	白色	(　　) 옷을 입고 한국 요리를 먹을 때는 조심해야 해요.
□	白い	(　　) 눈이 내리는 밤에 그 사람을 처음 만났어요.
□	しかし	저는 한국사람이에요. (　　) 김치를 매일 먹는 것은 아니에요.
□	学校	(　　)에 다니고 있을 때가 가장 행복했던 것 같아요.
□	学期	우리 학교는 삼 (　　)까지 있어요.
□	学年	새 (　　)이 되면 기분도 새로워져요.
□	学生	그 박물관 입장료는 (　　) 할인이 돼요?
□	学生証	그 술집에 들어가려면 (　　)을 제시해야 합니다.
□	塾	그 영어 (　　)은 언제나 인기가 많은데 그 이유는 뭘까요?
□	1つ	커피 (　　)잔 할까요?

188

□	暇だ	(　　) 때 보통 뭐 하세요?
□	漢江(ハンガン、韓国にある川)	(　　)에서 치맥을 주문해 보고 싶어요.
□	韓国	(　　)에서 제일 가 보고 싶은 곳은 어디예요?
□	ハングル	(　　)은 세종대왕이 만드셨어요.
□	1、2	아르바이트는 일주일에 (　　) 번 정도 하고 있어요.
□	1回 / 一度	(　　)만 더 실수하면 용서하지 않을 거예요.
□	韓服	경복궁에는 (　　)을 입은 외국인들이 많이 있어요.
□	韓国料理	(　　) 중에서 제일 좋아하는 것은 뭐예요?
□	韓国料理屋	전주에 가면 (　　)이 많이 있어요.
□	韓屋(韓国の伝統家屋)	저는 어렸을 때 (　　)에서 살았어요.
□	一杯	오늘 (　　) 하러 갈까요?
□	奢り	이번에 제가 승진했으니까 제가 (　　)낼게요.
□	祖母 / おばあさん	(　　)께서는 제가 태어나기 전에 돌아가셨어요.
□	祖父 / おじいさん	(　　)께서는 초등학교 선생님이었어요.
□	割引	백화점에서 예쁜 옷을 사고 싶었는데 (　　)을 해 주지 않아서 못 샀어요.
□	一緒に	나랑 (　　) 도서관에 가서 공부할래요?
□	航空	이번에는 대한(　　)으로 서울에 갈 예정이에요.
□	航空券	(　　)은 출발하기 한 달 전에 예매해서 좀 쌌어요.
□	いつも	그 사람은 (　　) 같은 넥타이를 하는 것 같아요.
□	太陽	(　　)는 동쪽에서 떠서 서쪽으로 져요.
□	毎年 / 年々	(　　) 봄이 오면 우리는 벚꽃 구경을 하러 가요.
□	海外	해마다 (　　)로 나가는 사람들이 늘고 있어요.
□	海外旅行	설날에 고향을 찾는 사람들이 줄고 (　　)을 선호하는 사람들이 해마다 늘고 있다고 합니다.
□	ハンバーガー	가끔 (　　)가 먹고 싶어질 때가 있어요.
□	日差し	아무리 추워도 가끔 밖에 나가서 (　　)을 쬐는 것이 건강에 좋대요.

189

☐	行動	어렸을 때부터 (　　)을 조심하라는 소리를 많이 들었어요.
☐	幸せ	(　　)은 돈만으로는 측정할 수 없다.
☐	行事 / イベント	저는 백화점 세일 (　　)를 하는 곳에서 아르바이트를 하고 있어요.
☐	腰	(　　)가 너무 아파서 수술을 했어요.
☐	別れる	여자친구하고 (　　) 후 많이 힘들었지만 시간이 해결해 줬어요.
☐	ジム	매주 세 번정도 (　　)에 가요.
☐	舌	양치를 할 때 (　　)도 닦아요?
☐	現金	요즘은 (　　)을 들고 다니지 않는 사람들이 늘고 있어요.
☐	現在	(　　) 하고 계신 일은 뭐예요?
☐	兄 (弟からの呼称)	저에게는 (　　)이 둘이고 누나가 둘 있어요.
☐	兄弟 / きょうだい	(　　)가 많으니까 늘 시끄럽지만 그래도 행복해요.
☐	〜号	지금 이월인데 벌써 사월 (　　) 잡지가 나왔네요.
☐	虎	(　　)도 제말하면 온다더니…
☐	湖	(　　)에 비친 산과 나무들을 찍었어요.
☐	ホテル	보통 한국으로 출장을 가면 서울역에서 가까운 (　　)에 묵어요.
☐	もしかして	(　　) 고향이 부산이에요?
☐	ひとり	요즘 (　　)서 술을 먹는다라는 뜻으로 '혼술'이라는 말이 유행해요.
☐	紅茶	(　　)를 마실 때는 레몬을 넣어서 마셔요.
☐	怒り	(　　)를 자주 내는 사람이 있는데 그 사람하고 이야기할 때면 너무 피곤해요.
☐	画家	빈센트 반 고흐는 내가 좋아하는 (　　) 중 한 사람이에요.
☐	腹が立つ	(　　)는 일이 생겼을 때 어떻게 해결하면 좋을까요?
☐	腹を立てる / 怒る	(　　)지 마세요. 무서워요.
☐	華やかだ / 派手だ	(　　) 화장을 하고 (　　) 옷을 입은 사람들이 모여서 파티를 해요.
☐	火曜日	매주 (　　) 방과 후에는 한국어 회화 수업이 있으니까 모여 주세요.
☐	化粧室 / トイレ	여자 (　　)이 더 많이 있었으면 좋겠어요.

190

□	化粧品	명동에 가서 (　　)을 샀어요.
□	歓迎	손흥민 선수는 팬들의 (　　)을 받으면서 귀국했어요.
□	患者	독감 (　　)가 조금씩 줄고 있어서 다행이에요.
□	両替	공항에는 (　　)을 하려고 줄을 선 사람들이 많이 있어서 저는 포기해 버렸어요.
□	活発に	빨리 전쟁이 끝나고 경제가 (　　) 움직였으면 좋겠어요.
□	～回	백신 접종은 몇 (　　)를 맞아야 합니까?
□	会社	아버지는 그 (　　)에서 삼십년을 근무하셨습니다.
□	会社員	그 사람은 대학교를 졸업한 후 (　　)이 되었습니다.
□	灰色	검정색과 흰색을 섞으면 (　　)이 됩니다.
□	会員	요가 교실에서 (　　)을 모집하고 있었습니다.
□	会議	환경문제를 해결하기 위해서 (　　)를 하고 있어요.
□	横断歩道	(　　)를 건너다가 넘어졌어요.
□	～後	잠깐만 기다려 주시겠어요? 십분 (　　)에 올게요.
□	後輩	그 남자는 (　　)하고 결혼을 해서 지금은 아주 행복하게 잘 살고 있어요.
□	立派だ	나도 그 선배처럼 (　　) 어른이 되고 싶습니다.
□	はるかに	그 사람은 나보다 키가 (　　) 더 커요.
□	休暇	(　　) 때 계획 있어요?
□	休憩室	점심식사가 끝난 뒤에 회사 (　　)에서 커피를 마셨어요.
□	携帯電話	요즘 (　　)은 너무 스마트해서 안 되는 것이 없어요.
□	休日	한국에는 일 년에 (　　)이 몇 일 정도 있어요?
□	トイレットペーパー / ティッシュ	(　　)를 아무 곳에나 버리는 사람들이 있는데 어떻게 생각하세요?
□	ゴミ箱	그러면 안 돼요. 휴지는 (　　)에 버려야죠.
□	流れる	야채와 과일은 (　　)는 물에 씻어야 해요.
□	曇る	하늘이 (　　) 것을 보니 곧 비가 올 것 같아요.
□	揺さぶる	이번에 나온 그 아이돌의 신곡은 전 세계를 (　　) 놓을 만큼 인기가 많았어요.

191

□	流す	눈물을 (　　)는 그 소녀를 조용히 안아 줬어요.
□	希望	천구백팔십 년도에 유행한 '(　　)사항'이라는 노래를 꼭 한번 들어 보세요.
□	白色	한국에서는 장례식 때 (　　)이나 까만색 옷을 입어요.
□	力	우리 회사에도 (　　)이 센 사람이 한 명정도 있었으면 좋겠어요.
□	大変だ / 疲れる / つらい	요즘 가장 (　　) 것이 뭐예요?

著者

林 世涓（イム セヨン 임 세연）

筑波大学大学院人文社会科学研究科博士課程修了（博士、国際日本学）。
神田外語学院専任講師（韓国語コーススーパーバイザー）。立教大学、東京医科大学兼任講師。
日本における韓国語能力試験（TOPIK）諮問委員（2024 年 3 月現在）。
主な論文に『説明表現における授受表現の日韓対照研究ーテモラウ文の機能を中心にー』（博士論文、2015 年 3 月）。

音声ダウンロード・ストリーミング

1. PC・スマートフォンで本書の音声ページにアクセスします。
   https://www.sanshusha.co.jp/np/onsei/isbn/9784384061215/
2. シリアルコード「06121」を入力。
3. 音声ダウンロード・ストリーミングをご利用いただけます。

TOPIK《トピック》（韓国語《かんこくご》能力《のうりょく》試験《しけん》）Ⅰ必修《ひっしゅう》単語《たんご》2000

2024年 4 月20日　第 1 刷発行

著　者　林 世涓

発行者　前田俊秀

発行所　株式会社三修社

〒150-0001　東京都渋谷区神宮前 2-2-22
TEL 03-3405-4511
FAX 03-3405-4522
振替 00190-9-72758
https://www.sanshusha.co.jp
編集担当　菊池 暁　安田 葵

印刷製本　日経印刷株式会社
音声製作　高速録音株式会社

DTP　株式会社スマートゲート
カバーデザイン　SAIWAI Design（山内宏一郎）

ISBN978-4-384-06121-5 C1087